Vastu
Das Geheimnis des Raumes
Wohnen wie die Götter in Indien

AF281156

Vastu

Das Geheimnis des Raumes
Wohnen wie die Götter in Indien

Karl Trischberger

Bibliografische Information der Deutschen Nationalbibliothek
Die Deutsche Nationalbibliothek verzeichnet diese Publikation in der Deutschen Nationalbibliografie; detaillierte bibliografische Daten sind im Internet über **www.dnb.de** abrufbar.

© 2016 Karl Trischberger
Herstellung und Verlag: BoD - Books on Demand, Norderstedt
ISBN: 978-3-8423-4684-0

Inhaltsverzeichnis

IV. Nachtrag   **165**

Vorwort

Jeder Raum ist das Spiegelbild des Schicksals seiner Bewohner, denn Gebäude sind Lebensenergiefänger. Ist der Wohnraum nicht gemäß den geistigen Gesetzen des Universums gestaltet kommt es zu Dissonanzen. Mensch, Gebäude und Kosmos sind nicht im Einklang. Die Menschen fühlen sich daher unwohl in ihrem Wohnumfeld, Energieabfall, Misserfolg, im schlimmsten Fall sogar gesundheitliche Störungen erwartet das Vastu.

In den Veden sind die uralten Gesetze und Regeln erfolgreichen Bauens niedergelegt, wer sich daran hält wird erstaunliche Fortschritte in seinem Leben erzielen. Die Regeln sind dabei sehr einfach, man muss sich nur trauen sie umzusetzen. Leider haben bisher nur wenige den Mut dazu. Eine Gedankensperre verhindert bei ihnen den ungetrübten Blick auf die Wirklichkeit.

Auch in Indien selbst wurde das Vastu lange Zeit ignoriert. Erst seit 20 Jahren erlebt es eine Renaissance. Experten sehen darin mit einen wesentlichen Grund für den plötzlichen und rasanten Aufstieg Indiens zu einer führenden Wirtschaftsmacht.

Heute beraten erfahrene Vastu-Experten große Firmen weltweit, mit wachsendem Erfolg. Vastu funktioniert! Jeder, der sich damit beschäftigt wird seine Lebensumstände entscheidend verbessern. Ich wünsche jedem, dass er die einmalige Chance, die Vastu bietet, versteht und ergreift.

Teil I.

Theorie

1. Das Wissen der Urzeit

Das Wissen eines uralten Zeitalters war lange Zeit verschollen, nur Spuren davon sind uns geblieben. Die Hochkulturen der Anfangszeiten (Ägypten, Mesopotamien, Südamerika), von der etablierten Wissenschaft teilweise entgegen der Befundlage als zurückgeblieben und einfältig verurteilt, bewahrten ihr Geheimnis.

Die Steinkreise von Stonehenge, die Pyramiden von Gizeh, das Sonnentor von Tiahuanaco hatten von jeher eine faszinierende Ausstrahlung auf gemütvolle Menschen. Die energetische Wirksamkeit dieser alten Monumentalbauten wurde von vielen Sensitiven unmittelbar erspürt. Für sie war es keine Frage, dass die Völker der Vergangenheit mehr wussten als unser moderner rationaler Verstand wahrhaben will. Heute lichtet sich der Schleier allmählich... Von den Pyramiden wissen wir, dass sie mächtige Gravitationswellensammler sind. Ihre Energie wurde inzwischen vielfältig beschrieben und erforscht.
Die Grabhügel alter Zeiten waren oftmals Einweihungsstätten für Berufene. Die besondere Schichtung der Hügel – Erzgestein wechselt sich ab mit Torf, die Spitze bestand aus Quarzkies – hielten die Archäologen lange Zeit für eine Laune der Erbauer. Erst die Forschungen Wilhelm Reichs brachten den wahren Sachverhalt ans Licht. Durch die Schichtung waren die Hügel Lebensenergie-Sammler. Wer darin eine gewisse Zeit verbrachte, kehrte gestärkt, oftmals mit paranormalen Erfahrungen bereichert an die Oberfläche zurück.

Ein weiteres rätselhaftes Phänomen entpuppte sich dank der Forschungen alternativer Archäologen als technische Problemlösung. Die so genannten Keltenschanzen in Oberbayern.

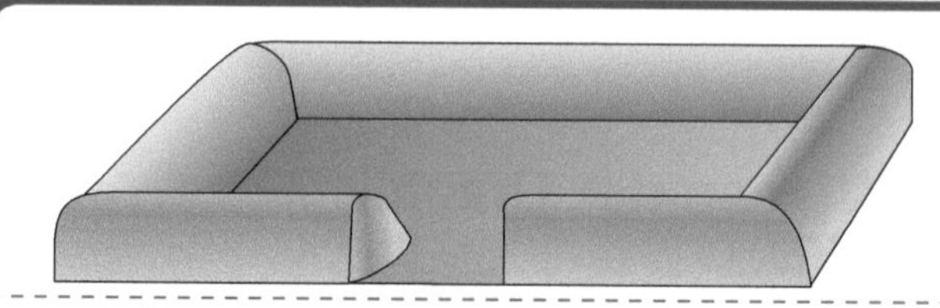

(Abb. 1.1) Skizze einer Keltenschanze. Die alten Anlagen sind u.a. durch ihre fast rechteckige Form Lebensenergiefänger.

Den etablierten Archäologen waren sie immer rätselhaft. Als Festungsanlagen oder gar Siedlungsbauten eigneten sie sich nicht. Zudem waren sie in horrender Zahl, scheinbar sinnlos mit irrsinnigem technischem Aufwand in die Landschaft gesetzt worden. Ein altes heute oftmals noch beobachtetes Phänomen dieser Keltenschanzen ist ihre Fähigkeit zur Wetterbeeinflußung. Dies wurde von Außenseitern der etablierten Wissenschaft erkannt und genau beschrieben. Wer heute bei bewölktem Himmel durch die oberbayrische Landschaft fährt, auf der Suche nach diesen Objekten, wird dabei oftmals durch einen Blick zum Himmel fündig. Dort, wo die Wolkendecke zuerst aufreißt und der blaue Himmel sichtbar wird, befindet sich zumeist eine dieser alten Anlagen. Aufbau und Funktion dieser Gebilde gleichen dem in den 50er Jahren entwickelten Cloud-Buster (dem Wolkenbrecher). Ein Gerät, mit dessen Hilfe die Dürrekatastrophen in weiten Teilen der USA von Wilhelm Reich erfolgreich bekämpft wurden.

In Oberbayern diente diese Technik unseren Vorfahren wohl dazu, das raue, unwirtliche Klima des Nordalpenrandes zu verbessern. Manche Forscher vermuten gar, dass diese aufwendig gebauten Anlagen dazu dienten, Wirbelstürme in ganz Europa zu verhindern. Die Keltenschanzen seien der Grund, warum es bei uns im Gegensatz zu Nordamerika kaum Tornados gäbe. Wenn diese Wissenschaftler mit ihrer These recht haben, dann müssen die Keltenschanzen ein gesamteuropäisches Großprojekt gewesen sein. Doch wie waren unsere angeblich primitiven Vorfahren zu so einem fortschrittlichen Projekt fähig? Ohne eine dahinter stehende Hochkultur sind solche Monumentalbauten undenkbar.

Viele Zeugnisse über die Existenz einer uralten, rätselhaften

Hochkultur wurden weltweit gesammelt. Berichte alter Völker sprechen vom untergegangenen Atlantis und seiner Technik, die, auf einem geistvolleren naturwissenschaftlichen Weltbild beruhend, anders war als die unsere und uns weit überlegen. Die Skalarwellenforschung Teslas, die Wirbeltheorien Viktor Schaubergers, der Schwingkreis Lakovskys und last but not least die Forschungen Wilhelm Reichs. Dies alles sind gehaltvolle Ansätze, die eine deutliche Sprache sprechen. Eine andere Technik fern den Vorstellungen unserer Naturwissenschaft war und ist möglich!

Diese Technik ist für den, der es versteht ganz einfach: Simples Experimentieren und Beobachten mit einem Schuss Intuition reichen oftmals für revolutionäre Erfindungen und Entdeckungen aus. Ein Beispiel dafür sind die von den Spaniern ausgerotteten Bewohner des Amazonas-Urwaldes. Jahrhundertelang hielten sich hartnäckig Gerüchte von einer Untergegangen Hochkultur im Amazonasbecken. Dies erschien unseren Wissenschaftlern als Unsinn, schließlich setzt eine Hochkultur Ackerbau voraus. Dies ist, darin waren sich alle Experten, hochdotierte Professoren und Agraringenieure einig, im Amazonas ein Ding der Unmöglichkeit. Wird der Urwald gerodet und bepflanzt, kommt es unwiederbringlich zu Bodenerosionen. Jahr für Jahr ziehen heute wegen dieses Irrglaubens die Bewohner weiter Teile Brasiliens weiter, zerstören durch Brandrodung immer weitere Teile des Urwaldes um für kurze Zeit dem kärglichen Boden Fläche für den Anbau überlebenswichtiger Nahrungsmittel abzuzwingen. Die Entdeckung der Anbaumethoden der Ureinwohner ist eine Sternstunde der Archäologie.

Tatsächlich bestand entgegen aller Besserwissereien der etablierten Agrartechnologen am Amazonas eine uralte Hochkultur. Tonscherben, Gebäudereste und Luftbildaufnahmen weisen darauf hin. Eine Bodenerosion fand nicht statt. Die Lösung war ebenso einfach wie genial, der Erde beigemengte Holzkohle verhinderte die Auswaschung des Humus! Besser noch, eine solchermaßen behandelte Erde wächst buchstäblich wieder nach! So werden heute noch Tonnenweise Säcke dieses Humus abgebaut und in andere Teile Brasiliens versendet. Spezielle Mikrorganismen und Pilze sorgen dafür, wenn nur ein geringer Rest dieser Erde übrigbleibt, dass sich genügend Humus wieder nachbildet. Aber es kommt noch dicker. Dieser Humus ermöglicht eine Ertragssteigerung von über 400% gegenüber unserer chemietechnisch mit Kunststoffdünger verseuchten Erde! Die Wissenschaft unserer westlichen Welt ist vor diesem Hintergrund nur noch beschämend. Hochbezahlte, bornierte Professoren auf zigtausend Lehrstühlen weltweit waren zu dieser simplen Entdeckung nicht fähig! Wieviel Regenwaldverlust, Bodenerosion hätte verhindert werden können, wenn unsere Wissenschaftler genauso intelligent wären wie die Menschen einer längst vergangenen Zeit! Auf eine Einsicht dieser „Wissenschaftskreise" werden wir vermutlich vergeblich warten dürfen. Sie werden sich weiter hinter einer komplizierten Sprache mit ebensolchen chemischen und mathematischen Formeln verschanzen und in Zusammenarbeit mit der Großindustrielobby die Verbreitung des bahnbrechenden Wissens unserer Vorfahren ignorieren.

Übrigens, fast sämtliche der wichtigeren Erfindungen der Neuzeit sind von viel belächelten Außenseitern geleistet worden. Stellvertretend für viele seien die Gebrüder Wright und Nikolaus Tesla benannt. Kein Uniprofessor hat den Wechselstrom entdeckt, das Radio oder auch nur das Flugzeug erfunden. Schlimmer noch wurden wichtige Entdeckungen negiert und diffamiert. Die drahtlose Energieübertragung und die Freie-Energie-Gewinnung gehören dazu. Dies ist einer der tragischen Aspekte unserer Geschichte. Jeder der will und auch nur etwas Grips im Kopf hat, kann diese Experimente nachvollziehen. Die Konstruktionen und Bauanleitungen dafür liegen jedermann zugänglich vor. Statt ihre Sinne zu benutzen, glauben viele dem Geschwätz der Professoren: Es gäbe keine Skalarwellen, keine Orgonenergie usw. Die Energie- und damit Zukunftsprobleme der Menschheit könnten längst gelöst sein, wenn es nicht die Machtinteressen der Kartelle und ihre willfährigen Handlanger gäbe. Doch dies ist eine andere Geschichte...

Es gab, davon bin ich überzeugt, eine Kultur der Vorzeit, die eine sanfte Technik beherrschte. Das Vastu, die indische energetische Baukunst in Harmonie mit den Gesetzen des Kosmos, ist ein Überbleibsel dieser alten Tradition und Wissenschaft. Indizien der alternativen Archäologie weisen darauf hin, dass das Vastu im alten Atlantis entstanden ist. Wir wissen nicht genau, was Atlantis vernichtet hat, Meteoriteneinschläge oder technische Hybris. Es existieren aber schon lange Hinweise aus glaubwürdigen Quellen, dass sich die Überlebenden dieser uralten Kultur im Industal sammelten, die Fundstätten Harappa und Mohnejo-Dahro sind ihre rätselhaften und vielfach diskutierten Überreste, deren städtebautechnischen Leistungen uns heute noch in Erstaunen versetzen. Aus den Studien dieser Anlagen durch moderne Kenner des Vastu wissen wir, dass die Gebäude gemäß den Gesetzen des indischen Feng Shui gebaut wurden! Diese Städten wurden schon lange vor Ankunft der Indogermanen auf rätselhafte Art und Weise zerstört. Ihr Wissen der energetischen Baukunst überdauerte aber – aufgezeichnet in den Veden – den Gang der Zeiten. Es scheint, als habe eine gütige Hand über das Schicksal der Menschheit gewaltet, wohl wissend, dass Jahrtausende nach dem Untergang des alten Atlantis die Menschen selbstständig wieder in der Lage sein würden, verheerende Waffen herzustellen, um grausame Kriege zu führen, aber unfähig, ein Wissen zu entwickeln, das ihnen hilft, ihren Wohnraum harmonisch zu energetisieren und damit Glück und Gesundheit zu fördern. Die Veden haben dieses Wissen bewahrt. Jeder kann sich von dessen praktischer Wirksamkeit selbst überzeugen. Ich lade den Leser dazu ein, mir auf dem Weg der Erkundung dieser uralten Lehre zu folgen. Die Regeln sind dabei ebenso einfach und verständlich wie bei vielen anderen Errungenschaften der Atlantiden.

2. Was ist Vastu?

◇ *Das Unglückshaus von Dr. Talvane* ◇ *Indische Baukunst bei den alten Römern* ◇ *Thomas Jefferson, Präsident und Stararchitekt, holt das Vastu nach Amerika* ◇

Vastu ist die altindische Architekturlehre, sie wurde in den ältesten Schriften der Menschheit, den Veden, niedergelegt. Das Wort Vastu bedeutet „wohnen". Vastu-Shastra (die Wissenschaft des Wohnens) gilt dabei als eine den Sehern der Urzeit geoffenbarte Wissenschaft. Richtig verwendet baut sie ein gesundes Energiefeld auf, das den Bewohnern des Hauses Glück, Erfolg und Gesundheit bringt. Dem aufgeklärten Europäer mag diese Behauptung absurd erscheinen. Jedoch meine Untersuchungen an unzähligen Wohnungen haben mich eines anderen belehrt. Ich bin daher von der praktischen Wirksamkeit des Vastu überzeugt! Aber nicht nur ich!

Als besonders beeindruckend ist mir die Erzählung des indischen Arztes Dr. Talvane Krishna in Erinnerung geblieben. Nachdem Talvane über 16 Jahre in den USA gearbeitet hatte, kehrte er zurück nach Indien. Er und seine Familie zogen in ein neues Haus ein, das sie selbst gebaut hatten. Zu diesem Zeitpunkt wussten sie noch nichts vom Vastu und somit auch nichts von den zahlreichen Defekten ihres Hauses.

Bald nach dem Einzug begannen die gesundheitlichen und finanziellen Probleme. Alle Mitglieder der Familie wurden ständig krank. Talvanes Frau wurde bettlägrig. Zufall oder nicht: Der Bauunternehmer und der Elektriker verstarben während des Hausbaus an Herzattacken. Alles was schief gehen konnte ging schief. Die Kosten des Hausbaus stiegen ins Uferlose. Ständig kam es zu neuen Zwischenfällen und Problemen. Die Krankheiten waren mysteriös und selten fassbar.

Nach einiger Zeit empfahlen Freunde dringend die Konsultation eines angesehenen Vastu-Experten. Dies geschah. Die wichtigste Maßnahme war dabei die Verlegung des Haupteingangs! Der Rat wurde befolgt und binnen 24 Stunden wurde die vorher seit sechs

Wochen bettlägrige Frau völlig überraschend gesund.

Talvane Krishna hat sich aufgrund dieses einschneidenden Erlebnisses selbst mit Vastu beschäftigt und es inzwischen neben Ayurveda in sein ganzheitliches Gesundheitskonzept aufgenommen. Man muss dazu wissen, dass, als Talvane Krishna 1994 nach Indien zurück kehrte, in seinem Heimatland diese uralte Wissenschaft weitestgehend in Vergessenheit geraten war. Erst in den letzten Jahrzehnten fand es wieder zurück in seine Heimat.

Das hatte mehrere Gründe: Zunächst einmal war Vastu schon seit Urzeiten auch in der Brahmanenkaste kaum in Gebrauch. Alte Tempelstätten, dies belegen archäologische Funde, wurden nicht nach den Gesetzen des Vastu erbaut. Dies mag auf den ersten Blick erstaunen, gilt das Vastu doch als von höheren Ebenen den Sehern der Urzeit geoffenbarte Wissenschaft. So die offizielle Theorie.

Doch fern der Propaganda der arischen Eroberer geht die Lehre des Vastu ursprünglich auf die friedliebenden, matriarchal organisierten Ureinwohner des Industales zurück. Für die herrisch und despotisch auftretende Führungsschicht – die Brahmanen – war diese alte Kultur vermutlich nur minderwertig.

Das Überleben des Vastu verdanken wir der mehr pragmatisch orientierten Kriegerkaste. Könige und ihre Ingenieure entdeckten frühzeitig den hohen Nutzen der Lehre. Viele Festungsanlagen der indischen Frühzeit sind daher nach Vastu-Gesichtspunkten erbaut. Eines der wichtigsten Werke der klassischen indischen Baukunst, das Manasara-Silpasastra, wurde um 500 v. Chr von einem Festungsbautechniker geschrieben. Nur noch wenige Exemplare davon hatten die Zeiten überdauert. 1834 tauchten die ersten Exemplare wieder auf. Dem Gelehrten Parsanna Kumar Acharya gelang beim Studium des Manasara eine wichtige Entdeckung: Zwischen den Schriften des Manasara und dem römischen Standardwerk über die Architektur von Vitruv (1.Jhdt v. Chr) bestehen erstaunliche Parallelen. Beide Werke haben fast gleiche Kapitelüberschriften und gleiches Gliederungsschema. Es gelang Acharya in seiner Studie der wissenschaftliche Nachweis über die direkte Beeinflussung der römischen Baukunst durch die Inder. *Ein wichtiger Grund für den Erfolg des römischen Imperiums ist sicherlich in dieser Übernahme der geistigen Gesetze des Bauens zu finden!*

Im Laufe des Mittelalters ging dieses Wissen verloren. Frühe Klosteranlagen wie Benediktbeuren oder St. Gallen wurden noch gemäß der Schriften des Vitruvius gebaut. Mit dem Beginn der Hexenverfolgung jedoch wurde dieses Wissen als teuflischer Aberglaube verschrien und geriet in Vergessenheit. Mit Ausnahme Altbayerns. Hier wurden Bauernhöfe bis in die Gegenwart gemäß der alten Vorgaben gebaut. Dies ist sicherlich mit ein Grund für den Wohlstand der oberbayrischen Landwirte seit Jahrhunderten. Im späten Mittelalter herrschte hier trotz rauer Vorgebirgslage keineswegs Not und Armut. Die oberbayrischen Bauern schlossen sich daher den Aufständen, die das 15. Jahrhundert erschütterten, nicht an.

Anders war es in Baden-Württemberg. Ich habe dort Höfe untersucht, die urkundlich bis ins 13. Jahrhundert zurückgehen. Gegen jede Regel des Vastu gebaut herrschen auf diesen Höfen seit Generationen Gesundheitsprobleme und Geldschwierigkeiten mannigfacher Art. Im Mittelalter war die von mir untersuchte Region Schauplatz grausamer Kriege gegen die Bauern.

Die italienische Renaissance greift die Schriften des Vitruv wieder auf. In Florenz und Venedig wird nach seinen Regeln gebaut, auch dies ist ein sicheres Indiz für den Wohlstand dieser Städte. Der wichtigste Baumeister jener Zeit ist Palladio (1508 – 1580). Sein größtes Meisterwerk, die Villa Rotondo, wurde von niemand geringerem als Thomas Jefferson, dem dritten Präsidenten der Vereinigten Staaten, für seine Villa Monticello in Virgina als Vorbild gewählt. Überhaupt hat die klassische römische Baukunst, vermittelt durch Palladio und Jefferson, in amerikanischen Regierungsgebäuden und in den Wohnhäusern der Reichen Eingang gefunden. Die klassische Bautradition wird dort bis heute gepflegt, ohne wenn und aber. Dies ist mit ein Grund für den großen Erfolg und den Reichtum der Weltmacht USA. Diese Beispiele zeigen anschaulich, dass sich die Auseinandersetzung mit der Wissenschaft des Vastu lohnt!

Erklärungen

„Kein Gebäude kann ohne Ebenmaß und gutes Verhältnis gut eingerichtet sein, wenn es sich nicht genau wie der Körper eines wohl gebildeten Menschen zu seinen Gliedern verhält" – Vitruv

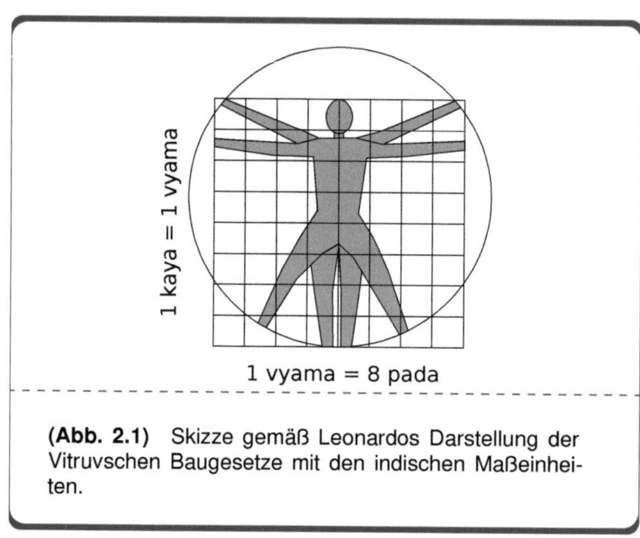

(Abb. 2.1) Skizze gemäß Leonardos Darstellung der Vitruvschen Baugesetze mit den indischen Maßeinheiten.

Abbildung 2.1 zeigt ein Schema in Anlehnung an die wohl berühmteste Skizze Leonardo da Vincis. Weniger bekannt ist allerdings, dass diese Zeichnung eine Erläuterung zum römischen Architekturklassiker von Marcus Vitruvius ist, welcher als Baumeister Julius Cäsars zu großem Ruhm kam.

Vitruvius selbst kannte die Gesetze des Vastu. Die Ähnlichkeit mit dem Vastupurusha-Mandala (Abb. 3.1 auf Seite 28) ist unverkennbar. Das Konzept dazu stammt aus Indien. Die dahinter stehende Idee ist die, dass der Mensch seinem Leben, seiner Gesundheit und seinem Wohnraum Maß verleihen sollte. Grundlage für die Konzeption des Wohnraumes sind dabei die Proportionen des Menschen. Die Spanne der ausgestreckten Arme beträgt ein Vyama, dies ist auch die primäre Maßeinheit für den Grundriss eines Hauses. Ein Vyama wiederum wird in acht Padas (Sanskrit „Heiliger Fuß") unterteilt. Im Idealfall entspricht also die Länge des Fußes einem Pada und die Höhe des Menschen (Kaya) ist gleich der Spannweite seiner Arme. Diese Bedingungen erfüllt die Skizze von Leonardo da Vinci vorzüglich.

Leonardo beschäftigt sich hier darüber hinaus noch mit der Quadratur des Kreises, anders ausgedrückt mit der Einheit von Männlichem und Weiblichem, von Shiva und Shakti. Auch dies ein wichtiges Grundkonzept esoterischer Baukunst von Indien bis China.

Die folgenden Beispiele verdeutlichen den Einfluss indischer Baukultur auf den Westen.

La Rotonda

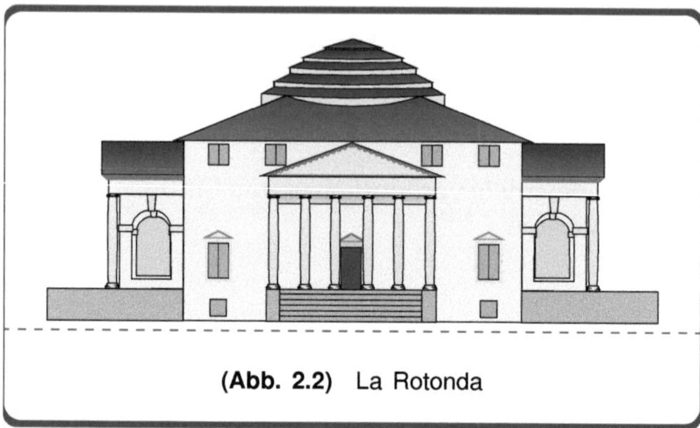

(Abb. 2.2) La Rotonda

Die Villa ist das Meisterwerk des Renaissance-Baumeisters Palladio. Sie gilt als der beste Versuch der Umsetzung der Einheit und Harmonie des Universums bzw. der architektonischen Grundprinzipien Kreis und Quadrat. Für Goethe, der die Villa 1786 besuchte, spiegelte sie den „allseitig harmonisch gebildeten Menschen" wieder. Die spiegelbildliche Ausrichtung des Gebäudes nach allen Seiten sorgt für ein höchst gesundes Vastuenergiefeld.

Palladio gewann über den Architekten und Politiker Thomas Jefferson Einfluss auf die klassische Architekur der USA. Viele Regierungsgebäude vom Weißen Haus über das Kapitol in Washington bis hin zum Virginia State Capitol legen dafür beredtes Zeugnis ab.

Das Weiße Haus

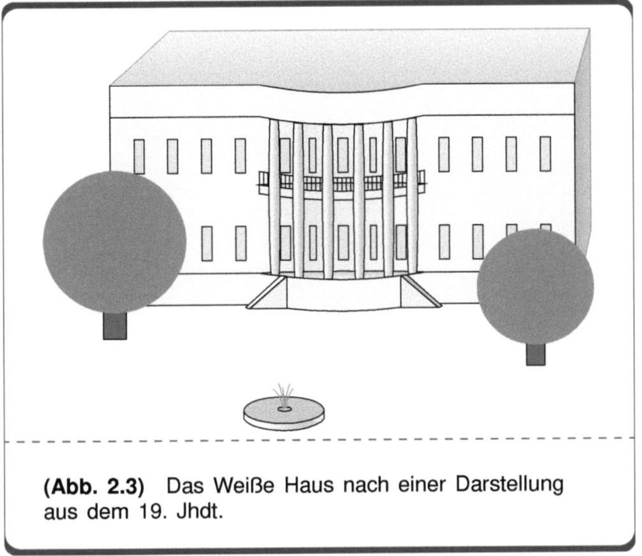

(Abb. 2.3) Das Weiße Haus nach einer Darstellung aus dem 19. Jhdt.

Die großen Fensterflächen im Norden sorgen für einen starken Einfluss der dort vorherrschenden mehr magnetischen Aspekte der Lebensenergie.

Das Kapitol

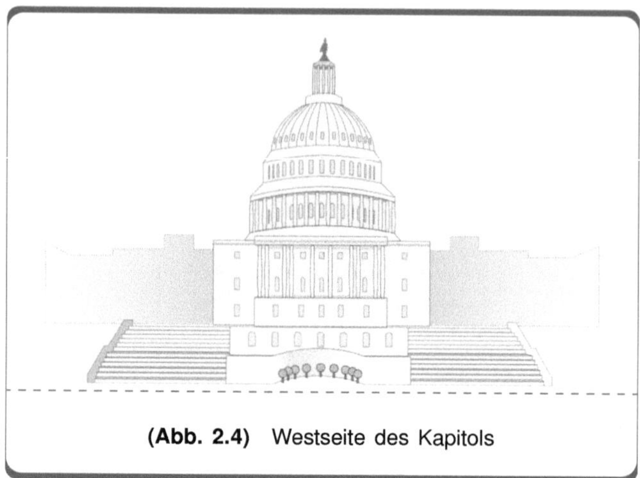

(Abb. 2.4) Westseite des Kapitols

Gebaut nach antiken römischen Vorbildern (man denke nur an das Pantheon in Rom) bringt der Charakter des Bauwerks allgemein Macht und Einfluss, aber auch Gigantomanie zum Ausdruck. Die absurd überbetonte Kuppel ist ähnlich einer Pyramide ein gigantischer Lebensenergiefänger, und erklärt gut die Rastlosigkeit und Energiebündelung, mit der Amerika versucht, dem Rest der Welt seine Weltanschauung aufzuzwingen. Die großen Wasserflächen im Westen, vermutlich unbewusst umgesetzt, fördern dabei zusätzlich die Habgier. Wasserflächen hier stellen allgemein einen schweren Vastudefekt dar.

Virginia State Capitol

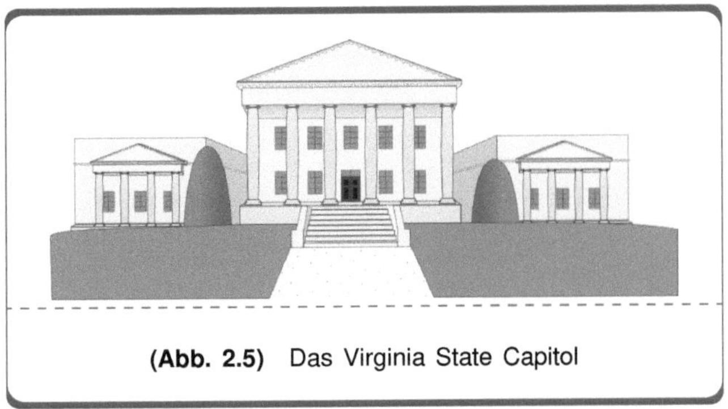

(Abb. 2.5) Das Virginia State Capitol

Eines der vielen Regierungsgebäude der USA, bei deren Bau die
Konzepte der römischen Antike und damit indirekt die des Vastu
übernommen wurden. Die Ausrichtung nach Osten (Gebäudeein-
gang, Säulen) sorgt für einen starken Einfluss der solaren Energien,
die Macht und Ansehen stärken.

3. Wichtige Regeln und Gesetze des Vastu

3.1. Der Mythos vom Vastupurusha

Ein schönes Sprichwort lautet: *„Vor den Erfolg haben die Götter den Schweiß gesetzt"*.
Nun, beim Vastu ist es natürlich so ähnlich: Um es zu handhaben ist es notwendig, sich mit einigen grundlegenden Gesetzen und Regeln vertraut zu machen. Aber keine Angst, ich werde versuchen, das Ganze möglichst einfach und unkompliziert darzustellen. Zunächst werden die klassischen indischen Regeln erläutert, danach die moderneren, quasi naturwissenschaftlichen Ansätze, die unser Verständnis der Materie verbessern und vertiefen können.

Im Anfang war der Mythos

In alten Zeiten pflegte man natur- und geisteswissenschaftliche Erkenntnisse in Bildern und Mythen auszudrücken. Einer davon ist der Mythos des Vastupurusha, dem Gott der Wohnung. So berichten die Veden über die Entstehung des Bewusstseins der Wohnung folgende Legende:

Der Geist des Wohnens, der Vastupurusha, entstand bei einem Kampf der Götter gegen die Dämonen aus einer Träne Shivas. Dieser Purusha war Anfangs grausam, furchterregend, voll unersättlichen Hungers drohte er die Welt zu verschlingen. Fünfundvierzig Götter rangen ihn nieder und hielten ihn in einem Energiefeld, dem Vastupurushamandala, fest.

Symbolisch spricht dieser Mythos aus, dass die überschießenden Kräfte des Universums ins Gleichgewicht gebracht werden müssen. Die Upanischaden definieren Purusha als das wahre Selbst aller Dinge. Jeder Wohnraum ist für die Veden ein beseelter Organismus voller Energie.

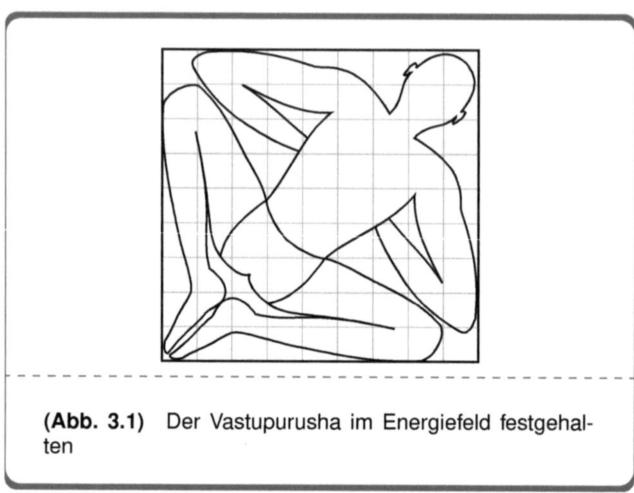

(**Abb. 3.1**) Der Vastupurusha im Energiefeld festgehalten

Die Skizze gibt uns einen ersten bildhaften Einblick in die Gesetze des Vastu. Besondere Bedeutung kommt dabei den Nebenhimmelsrichtungen zu.

Der Kopf des Vastupursha befindet sich im Nordosten. Dieser Abschnitt eignet sich für besonders hohe geistige und spirituelle Aktivitäten wie Meditation und Yoga, aber auch kreatives Schreiben und wissenschaftliches Grübeln. Wir alle sollten „unseren Kopf frei halten", so das Sprichwort, um mental etwas leisten zu können. Was für uns zutrifft, gilt auch für die Wohnung. Freie, offene Flächen im Nordosten sind daher sehr vorteilhaft. Am Kopf beginnt auch die Atmung. Befinden sich hier schwere Gegenstände oder fensterlose Räume, so behindern diese die Atmung der Wohnung und sind somit unbedingt zu vermeiden.

Im Südwesten des Gitters befinden sich die Füße. Ein Hinweis darauf, dass in diesem Bereich der Wohnung Stabilität angebracht ist (z.B. Mauerwerk, hohe Bäume, Hügel). Vertiefungen, große Fensterflächen oder gar ein Hauseingang in dieser Himmelsrichtung wirken sich fatal aus.

Die Arme des Vastupurusha deuten auf Bewegung hin. Dort sind also besonders dynamische Energien zuhause. Energien, die wir zum Beispiel zum Kochen brauchen. Die Küche ist daher besonders gut im Südosten platziert oder am zweitbesten im Nordwesten.

Die Wohnung ist ein lebendiger Organismus. Genauso wie der

Mensch seine Organe an der richtigen Stelle haben sollte, um gut zu funktionieren (Herz, Kopf, Darm usw.), müssen auch die Organe der Wohnung (Bad, Toilette, Küche Schlafzimmer, etc.) anatomisch korrekt angebracht werden. Geschieht dies nicht, sind schwere Disharmonien die Folge. Das Haus ist sozusagen ein zweiter Körper für seine Bewohner, der ordnungsgemäß gestaltet positiv auf sie zurückwirkt. Da es sich um einen relativ simplen Organismus handelt, verglichen mit dem menschlichen Körper, ist der Vastupurusha, was die Organeinteilung betrifft, etwas flexibler, vergleichbar in etwa mit den niedrigen Organismen im Tierreich, in denen die Zellen noch verschiedene Aufgaben übernehmen können und in ihrer Funktionalität noch nicht so festgelegt sind wie beim Menschen. Der Spielraum im Vastu ist allerdings dennoch beschränkt. So sollte sich niemals, aber auch wirklich niemals, eine Toilette oder Schmutz im Nordosten des Wohnfeldes befinden. Die Wirkung wäre höchst ungünstig.

Weiterhin ist das Rechteck oder Quadrat gemäß vedischer Überlieferung der ideale Energiefänger. Der ganze Körper des Vastupurusha findet darin seinen Platz. Wenn das Rechteck nicht komplett ist, leiden die Bewohner. Fehlt der rechte Arm, leidet der Wohlstand und vor allem die Frauen sind unglücklich. Fehlt der linke Arm, ist mit Verlust des Geldes und Armut zu rechnen. Fehlt der Kopf, sind Misserfolg und Karriereprobleme wahrscheinlich. Fehlen die Füße, wirkt sich das auf die Stabilität und das Gleichgewicht vor allem des Familienoberhauptes aus. Wenn das Rechteck andererseits vollständig ist sind die Chancen gut, dass alle Familienmitglieder glücklich, gesund und zufrieden sind.

Wir können somit schon aus der Lage des Vastupurusha viele Informationen und Gesetze schlussfolgern.

Das Vastu ist eine ganzheitliche Wissenschaft, in der es um Wohnen im Einklang mit dem Kosmos geht. Ein weiterer wichtiger Aspekt dieser Wohnkultur ist dabei die Herrschaft der fünf Elemente.

3.2. Die Herrschaft der Elemente im Wohnraum

Alles Leben besteht gemäß den Veden aus fünf Elementen: Äther, Luft, Feuer, Wasser, Erde, so auch der Mensch und der Wohnraum. Ich werde im Folgenden kurz die einzelnen Elemente und ihre besondere Präsenz in den einzelnen Himmelsrichtungen darlegen.

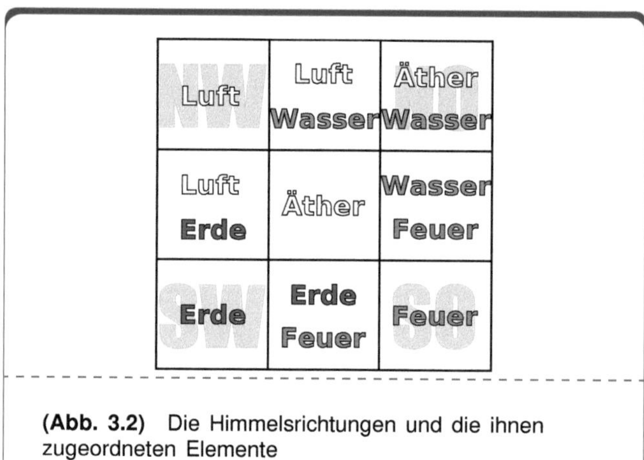

(Abb. 3.2) Die Himmelsrichtungen und die ihnen zugeordneten Elemente

Der Äther

Der Mitte eines Wohnraumes wird dabei das Element Äther zugeordnet, es ist identisch mit dem Klang oder Klangraum. Im Anfang war das Wort bzw. der Klang. Aum, hebräisch Amen, ist der Urschöpfungslaut, aus dem das Universum hervorgeht. Ihn oft zu singen oder auszusprechen schafft unser Universum sozusagen neu, steigert Gesundheit und Wohlbefinden des Einzelnen und seiner Umwelt.

Der Äther ist das feinstofflichste aller Elemente und bedarf zu seiner Entfaltung des leeren Raumes. Dies ist nach vedischer Auffassung der Grund, warum das Zentrum einer Wohnung und jedes Zimmers unbedingt frei gehalten werden sollte. Die Urschöpfungsenergie kann sonst nicht einfließen. Neben der Mitte ist auch noch der Nordosten dem Element Äther zugeordnet, deswegen ist es auch hier sehr wichtig, Freiraum zu lassen, damit sich die Urschöpfungskraft manifestieren kann.

Der Nordosten ist allerdings die einzige Nebenhimmelsrichtung, der neben dem Äther noch ein anderes Element zugesprochen wird - das Wasser.

Das Wasser

Wasser ist ein wichtiger Lebensenergiefänger, es sammelt sowohl positive als auch negative Energien und verstärkt sie. Die besten Himmelsrichtungen für Teiche, Schwimmbäder, Brunnen auf einem Grundstück sind daher der Nordosten, der Osten und der Norden. So können die magnetischen und solaren Energien des Nordens und Ostens gespeichert und verstärkt werden.

Der schlechteste Platz für Wasser liegt im Südwesten, hier werden die negativen Energien dieser Himmelsrichtung verstärkt. Dies kann nach Auffassung des Vastu zu vorzeitigem Tod vor allem der männlichen Hausbewohner führen.

Das Feuer

Das Feuer wird dem Südosten zugeordnet. Diese Zuordnung hängt natürlich mit dem Lauf der Sonne zusammen. Im Osten aufgehend, erreicht sie im Südosten im Laufe des Vormittags ihre positivste energetische Qualität. Im Südwesten und Westen, zum Sonnenuntergang, steigert sich der träge und schwerfällige feinstoffliche Anteil der Sonne (Infrarotspektrum). Der Aspekt des Todes, des Verfalls und der Erde kommt daher nach Westen hin immer mehr zur Geltung.

Die Stunden um den Sonnenaufgang gelten gemäß den Veden als die wertvollsten. Hier hat das Sonnenlicht noch den höchsten Anteil an feinstofflichen Qualitäten. Das ultraviolette Spektrum des Morgenlichtes im Osten soll sich besonders wohltuend auf die Gesundheit unseres Körpers auswirken.

Dem Feuer wird dabei in den Veden im Südosten der zentrale Platz eingeräumt, dies ist mit ein Grund dafür, dass hier eine Küche am besten platziert ist. Die positiven energetischen Qualitäten des Feuerelementes tragen zur Bekömmlichkeit unserer Speisen bei.

Heizungen, Elektrogeräte etc. werden dem Feuerelement zugeordnet und entfalten ihre positive Wirkung am besten, wenn sie in dieser Himmelsrichtung stehen.

Die Erde

Im Südwesten herrscht das Element Erde. Dies ist die Himmelsrichtung der größten Trägheit und Schwere. Besondere Vorsicht ist im Umgang mit diesem Teil des Hauses und Grundstückes geboten. Es ist der Bereich der Ruhe und Stabilität. Alles, was diese Ruhe und Stabilität untergräbt, kann sehr problematisch werden. So gilt eine Vertiefung im Südwesten als eher ungünstig. Das Durchsetzungsvermögen, die Fähigkeit zur Umsetzung von Projekten leidet. Die positiven Wirkungen dieser Himmelrichtung werden unterstützt durch große Gewichte. Ein Steingarten oder Felsen im Südwesten des Grundstücks fördern das energetische Gleichgewicht und schützen vor Unpässlichkeiten und Existenzängsten.

Jeder Raum ist ein Vastuenergiefeld für sich. Daher ist es am besten, schwere Gegenstände und große Schränke im Südwesten eines jeden Zimmers aufzustellen.

Ein Autostellplatz im Südwesten ist problematisch. Der Automotor kann den Elementen Luft und Feuer zugeordnet werden. Die energetische Situation im Südwesten ist daher für ein Auto eher ungünstig. Wer hier eine Garage oder einen Parkplatz hat, muss mit hohen Reparaturkosten an seinem Fahrzeug rechnen. Ich hatte das Problem schon selbst und kann es aus eigener Erfahrung nur bestätigen. Freilich kommt es dabei auch etwas auf den Typus des Autos an. Ein ruhiger, behäbiger Mercedes-Benz, der mehr dem Erdelement zuzuordnen ist, wird dabei weniger Probleme haben, als ein rassiger, feuriger Ferrari.

Ein Schlafzimmer im Südwesten sorgt durch das Element Erde für die nötige Ruhe und einen ausgeglichenen, erholsamen Schlaf. Wer Schlafprobleme hat und die Möglichkeit eines Zimmertausches besitzt, sollte es einmal mit dem Südwesten versuchen.

Die Luft

Im Nordwesten herrscht das Element Luft vor. Es sorgt für Bewegung, aber auch für psychische Probleme, Erkrankungen der Atemwegsorgane und Ähnliches, wenn Wohnraumdefekte vorliegen. Das Element Luft muss daher im Nordwesten gestärkt werden. Dies geschieht dadurch, dass wir für „Atmung" sorgen. Fenster im Nordwesten sollten daher öfter geöffnet werden, eine stickige Atmosphäre ist hier unbedingt zu vermeiden. Allgemein sind hier Toilette und Gästezimmer gut platziert. Auch für den Geschäftserfolg ist diese Himmelsrichtung besonders wichtig. Defekte führen hier zu Stagnation und Mangel sowohl an Kunden als auch an Einkommen.

Die Elemente in den Haupthimmelsrichtungen

Allgemein ist in den Haupthimmelsrichtungen immer eine Kombination aus zwei Elementen tätig. Im Westen zum Beispiel von Luft und Erde. Dies ist der Grund dafür, dass hier ein Treppenhaus besonders günstig platziert ist. Die Schwere der Treppe steht für das Element Erde. Eine Treppe sorgt andererseits auch für viel Bewegung. Es ist ein eher unruhiger Teil des Hauses, dem auch energetisch entsprochen werden sollte. Das Element Luft ist daher der zweite Aspekt, der auf das Treppenhaus einwirkt. Die beste Lage für ein Treppenhaus ist unter diesen Gesichtspunkten im Westen. Andere mögliche Varianten sind in einem späteren Kapitel besprochen.

3.3. Götter und Planeten

◊ *Ein Beispiel: die Liebeslaube des Eros* ◊ *Die Planeten in den einzelnen Himmelsrichtungen und ihre Eigenschaften* ◊

An dieser Stelle kommen wir zu den mehr spirituellen Theorien des Vastu. Eines gleich vorweg: Um ein energetisch hervorragendes Haus zu bauen, das fähig ist, die kosmische Lebensenergie einzufangen und aufzubauen, ist es nicht unbedingt nötig, die nun folgenden geistigen und planetarischen Einflüsse und Regeln zu kennen. Damit ein Haus gemäß dem Vastu perfekt ist, bedarf es nur wirklich sehr wenigen Wissens und noch weniger Regeln.

Wenn es aber darum geht, den *Istzustand* bestehender Baulichkeiten, Wohnhäuser, Regierungsgebäude, aber auch die energetische Situation ganzer Länder zu analysieren, dann halte ich nachfolgendes Wissen für hilfreich, um Probleme aufzuzeigen und mögliche Fehlentwicklungen vorauszusagen.

Dazu kurz ein praktisches Beispiel. Eine am Mittelmeer lebende Kundin geriet in finanzielle Nöte und wollte deshalb eine Strandbar wieder eröffnen, die sich genau im Norden ihres großen Grundstücks befindet. Ich hielt das für ungünstig. Dieser Auffassung wollte und konnte sich die Kundin nicht anschließen. Denn die Bar war, solange sie geöffnet war, ein magnetischer Anziehungspunkt für Touristen gewesen. Viele Paare hatten sich dort kennen gelernt, verliebt und waren unzertrennlich geworden. Die Bar war auch wirklich sehr romantisch gelegen, auf einem erhöhten Felsvorsprung mit alten Kiefernbäumen und weitem Blick in unberührte Natur mit herrlichem Sandstrand. Kein Wunder dass die Bar einst eine regelrechte „Liebeslaube" war.

Auch vom Vastu her war dies nur allzu gut verständlich. Der Norden ist dem Planeten Merkur zugeordnet. Merkur bzw. Hermes ist in der griechisch-römischen Mythologie der Götterbote, der Kommunikator. Der Sohn des Merkur wiederum ist kein geringerer als Eros, der Liebesbote, der seine Pfeile an Ahnungslose verschickt. Genau dies war auf diesem Grundstück geschehen. Das Energiefeld, das gemäß den Gesetzen des Vastu im Norden zu erwarten war, hatte sich dort generiert und eigentlich positiv auf die Gäste gewirkt.

Für den Besitzer allerdings muss dies nicht unbedingt Gutes bedeuten. Ein mit Gebäuden blockierter Norden kann finanzielle Schwierigkeiten für ihn zeitigen. Und so war es auch hier. Im Nachhinein erfuhr ich, dass der Vorgänger zwar hohe Einnahmen hatte, aber das Geld zerrann ihm zwischen den Fingern. Es blieb ihm nichts davon.

Dieses Beispiel belegt sehr eindringlich, dass an der differenzierten astrologischen Zuordnung der einzelnen Himmelsrichtungen vieles an Vorfällen und Ereignissen verständlicher wird. Im Kapitel Praktische Beispiele wird dies noch genauer ausgeführt.

Ich werde nun die einzelnen Himmelsrichtungen aufzeigen, mit den ihnen zugeordneten Planeten und wichtigsten Gottheiten. Wir erfahren dadurch eine Menge über die Qualität einer jeden Himmelsrichtung. Wem dies alles zu esoterisch ist, wofür ich vollstes Verständnis habe, kann das Kapitel unbeschadet überspringen und sich gleich dem moderneren Erklärungsmodell zum Lebensenergiefeld des Hauses zuwenden. Allerdings gebe ich zu bedenken, dass unsere Vorfahren nicht nur ihre religöse Weltanschauung in mythologischen Bildern auszudrücken pflegten, sondern, dies hat der Chemiker und Wissenschaftshistoriker Helmut Geberlein sehr gut belegt, in gleicher Art auch auch physikalische und chemische Prozesse. Mit anderen Worten: Hinter den uns oftmals schwer verständlichen mythologischen Bildern verbergen sich handfeste naturwissenschaftliche und technische Erkenntnisse unserer Vorfahren. Es schadet von daher nicht, sich mit der Vorstellungswelt der Alten auseinanderzusetzen und die Götterwelt als bildliche Darstellung kosmischer Energien zu begreifen.

Der Norden – Merkur

Diese Richtung wird dem Planeten Merkur zugeordnet, in Indien zusätzlich Kubera, dem Gott des Reichtums. Auch für die Römer und Griechen war Merkur der Bringer von Wohlstand und Reichtum. Blockaden im Norden gefährden daher unsere Finanzen.

Erhöhungen und Nebengebäude sind im Norden des Grundstückes zu meiden. Ebenso sollte der Norden eines Hauses unbedingt mit Fenstern versehen sein. Das Kompass-Feng-Shui entpricht diesem uralten Wissen. Es empfiehlt, ein Aquarium im Norden des Hauses aufzustellen, mit Goldfischen darin. Wer finanzielle

Schwierigkeiten hat, sollte es unbedingt mit diesem Glücksbringern (den Goldfischen) versuchen. Dies ist ein wirklich mächtiges und probates Mittel, um den Bewohnern des Hauses Erfolg zu garantieren.

Eines sei aber hier gleich gesagt: Ein Nebengebäude im Norden beispielsweise führt tendenziell zu finanziellen Nöten, ebenso Unordnung und Müll.

Hier fließen weiterhin die magnetischen, mütterlichen, nährenden Energien ein, sie sorgen für die Gesundheit der Bewohner und werden in Indien traditionell der Glücksgöttin Lakshmi zugeordnet. Ein entsprechendes Yantra (energetisches Schwingungsmuster) im Norden anzubringen, hier speziell das Shri-Yantra, ist von daher sehr zu empfehlen (Siehe Weiteres dazu im Kapitel Werkzeuge zur Wohnraumentstörung).

Der Nordosten – Jupiter

Hier herrscht der Planet Jupiter, Vater der Götter, in Indien Ishvara genannt. Der Nordosten steht für Gesundheit, Wohlstand, Wohlergehen, männliche Nachkommen und Fruchtbarkeit. Für den Nordosten gilt allgemein das Selbe wie für den Norden und den Osten.

Wasserflächen verstärken die positiven Energien dieser Himmelsrichtung, zum Beispiel ein Springbrunnen im Zimmer oder ein Teich vor dem Haus. Wichtig sind auch große Fensterflächen, die den positiven Energien des Nordostens Einlass gewähren. Fensterlose Mauern und Erderhebungen schwächen die Energien erheblich.

Ein Schlafzimmer im Nordosten kann die Karriere des Mannes behindern. Eine Toilette in diesem Sektor gilt als recht negativ, sie kann je nach den Defekten in anderen Himmelsrichtungen nach indischer Auffassung zu fehlender Widerstandskraft, fehlender Tatkraft und Gefühlen der Überlastung führen. Die schmutzigen, abbauenden Energien einer Toilette stören das Vastuenergiefeld des Nordostens erheblich.

Erweiterungen im Nordosten (Veranda oder erweiterte Grundstücksfläche) wirken sich positiv aus.

Der Osten – die Sonne

Er steht unter der Herrschaft der Sonne. Surya, der Sonnengott, wird dieser Himmelsrichtung zugeordnet. Vitalität, Stärke und Karriere sind Eigenschafen, die in dieser Richtung gefördert aber auch gestört werden können.

Eine Veranda im Osten, noch besser ein Wintergarten, fördern die Karriere vor allem der männlichen Bewohner. Fehlende Fenster oder eine Toilette führen zu Beziehungsproblemen, Kontaktarmut, Schwierigkeiten dabei, Liebe und Zuwendung anzunehmen und fehlender Lebensfreude. Es besteht die Gefahr, die Finanzen und das Leben nicht in den Griff zu bekommen. Vor allem Männer sollten sich daher den Osten ihrer Wohnung genauer anschauen.

Eine Lakshmi-Statue im Osten bringt Glück, Gesundheit und Wohlstand

Wer – egal ob Mann oder Frau – Karriere machen will, sollte für einen großzügig gestalteten, offenen und hellen Osten sorgen. Müll, Abstellräume, fehlende Fenster führen zu keiner geachteten Position. Schwere und abbauende Energien behindern hier die solare Lebensenergie. Ein großer Eingangsbereich oder große Wasser- und Grundstücksflächen stärken das energetische Gesamtniveau und führen zu großartigen Erfolgen in der Gesellschaft und im Geschäftsleben. Zu nah angrenzende Gebäude bzw. Berge blockieren den Zustrom der solaren Energie und sind zu meiden. Als Schlafplatz eignet sich der Osten wenig, die Energien sind hier zu hitzig. Eine Nutzung als Büro oder reines Badezimmer ist hingegen positiv zu werten.

Traditionelle römische Villen hatten ihren Eingang im Osten, ebenso alte bayrische Bauernhöfe. Ein solchermaßen angelegter Eingang sorgt für Erfolg und berufliches Fortkommen, ist also insgesamt sehr empfehlenswert.

Lakshmi, die indische Venus, sorgt im Osten aufgestellt für Glück,

Gesundheit und Wohlstand. Außerdem hilft sie dort gegen Vastu-Defekte wie fehlende Fenster. Als besonders wirksam gelten dabei Statuen aus Metall.

Der Südosten – Venus

Agni, der Gott des Feuers, residiert im Südosten. Klar, dass hier die Küche bestens platziert ist. Auch Venus, die Göttin der Liebe und Fülle, wird dem Südosten zugeordnet. Dies erscheint auf den ersten Blick nicht sehr glücklich. Die heißen, aggressiven Energien des Feuers und damit des Südostens werden daher von manchen Vastuexperten lieber dem Planeten Mars zugeordnet. Die Venus regiert nach Ansicht dieser Experten mehr im Osten, jener Himmelsrichtung also, in der der Planet oftmals früh morgens zu sehen ist.

Prinzipiell kann man einer Himmelsrichtung nicht dogmatisch einen bestimmten Planeten zusprechen. Die Planeten wirken allgemein mehr oder weniger auf alle Himmelsrichtungen ein. Die Übergänge sind daher fließend, gewisse Tendenzen aber dennoch feststellbar. Die abweichende Zuordnung des Südostens zu Mars hat durchaus ihre Berechtigung. Andererseits zeigen sich aber gerade energetische Ungleichgewichte gerade für Frauen gerne an Vastu-Defekten im Südosten. Die Zuordnung der Venus zu dieser Himmelsrichtung erbringt daher wichtige Einsichten.

Für ein Schlafzimmer allerdings, eine der mythologisch vornehmlichen Domänen der Venus, sind die Energien des Südostens für die meisten Menschen zu heftig. Wer hier schläft, den erwartet zwar ein leidenschaftlich pulsierendes Liebesleben, aber an ruhigen Schlaf ist eher nicht mehr zu denken.

Im südlichen Südosten platzierte Hauseingänge und Gebäudeerweiterungen wirken sich besonders günstig auf die weiblichen Bewohner eines Hauses aus.

Der Süden – Mars

Hier herrscht Yama, der Herr der Gerechtigkeit und Herrscher des Totenreiches. Auch Mars, dem Gott des Krieges, wird der Süden zugeordnet. Vorsicht ist also geboten, eine falsche Bebauung oder

Nutzung dieser Sphäre führt nach Auffassung des Vastu zu fehlender Gelassenheit, Wut, Aggressionen und zu starker Ichbezogenheit. Auch wem es nicht gelingt, die Vergangenheit loszulassen und den Kräften der Zukunft in seinem Leben einen Weg zu bauen, sollte mal nach Vastudefekten im Süden Ausschau halten und, falls vorhanden, selbige fachgerecht entstören. Typische Defekte sind:

- Mehr Fläche im Süden als im Norden des Grundstücks

- Große Fensterflächen, Wasserflächen oder gar Vertiefungen

Solche baulichen Sünden stören den Wohlstand einer Familie. Chronische Missgeschicke, mangelnde Stabilität, Kraft, Ausdauer und im schlimmsten Fall Unbeweglichkeit und geistige Erstarrung sind weitere Folgen eines falsch gestalteten Südens.

Der Südwesten – Rahu und Ketu

Der Südwesten steht unter der Regie der Kali, dem dunklen Aspekt der weiblichen Gottheit, der Todesdämonin. Armut, Schlaf, unselige Geister sind ihr Metier.

Astrologisch zugeordnet wird ihr Rahu, der dunkle Schattenplanet, bzw. der nördliche Mondknoten. Der Mondknoten ist der Schnittpunkt der Bahn des Mondes mit der Ekliptik entweder im Norden (Rahu genannt) oder im Süden (Ketu). Diese Schnittpunkte gelten nicht nur in der indischen Astrologie als Troublemaker. Auch in der alten westlichen Astrologie, zum Beispiel bei Agrippa von Nettesheim, finden sie Erwähnung. Heute werden sie aber sträflich vernachlässigt.

Eine Kuan-Yin-Statue im Südwesten stärkt das Familien- und Beziehungsglück.

Ketu, der südliche Mondknoten, herrscht auch im Nordosten. Wird er durch Vastudefekte geweckt sind Leid und Schmerz die Folge.

Der Südwesten steht unter der Herrschaft der großen, alten Muttergöttin. Bei den Indern ist dies Kali, auch bekannt als Kuan Yin, bei den alten Germanen war dies Frau Holle. Sie ist Todesgöttin und Lebensspenderin zugleich. In ihrem positiven Aspekt als Göttin der Barmherzigkeit wird sie bei den indischen Buddhisten verehrt. Eine Statue von ihr in diesem Sektor stärkt das Familien- und Beziehungsglück und wirkt gegen Defekte.

Der Westen – Saturn

Hier geht die Sonne unter, die solaren Kräfte neigen sich ihrem Ende zu. Die Vollendung ist der wesentliche Aspekt dieser Himmelsrichtung. Saturn herrscht hier, der Walter über das Schicksal. Mehr und größere Fensterflächen im Westen als im Osten führen zu einer negativen energetischen Bilanz, die solaren Kräfte werden geschwächt. Der Westen sollte insgesamt mehr geschlossen gestaltet werden, um Karriere und Vitalität der Bewohner nicht zu behindern. Weiter sind große Wasser- und Grundstücksflächen im Westen zu meiden.

Die Himmelsrichtung eignet sich gut für Ateliers, Büros, überhaupt alle kreativen Tätigkeiten gelangen hier unter dem wohltuenden Einfluss Saturns zu einer geglückten Vollendung. Ein Esszimmer an dieser Stelle fördert eine gute Verdauung der Speisen. Ein Schlafzimmer führt zu glücklichem, erquickendem Schlaf. Ein Kinderzimmer fördert die geistige Entwicklung des Nachwuchses nachhaltig.

Der Nordwesten – Mond

Wir wissen, dass im Nordwesten vor allem das Element Luft seinen Platz hat. Seine planetarische Entsprechung ist der Mond, der mit seinen wechselhaften Phasen viel Beweglichkeit signalisiert.

Seelische Eigenschaften wie Labilität, Nervenprobleme zeigen sich daher zuerst in dieser Himmelsrichtung. Wasserflächen, Hauserweiterungen oder auch Fehlbereiche im Nordwesten führen gerne zu innerer Friedlosigkeit, zu Burnout-Syndrom, zu Infektionen, Atembeschwerden, mentalen Problemen und Depressionen.

Ein Eingang in diesem Bereich sorgt für zu hohe Ausgaben, Rechtsstreitigkeiten, unstetigen, wechselhaften Charakter und Beziehungsprobleme. Auch ein Schlafzimmer sollte nach Auffassung des Vastu lieber woanders untergebracht werden. Für den Nordwesten werden innere Unruhe und wenig erholsamer Schlaf erwartet. Fehlende Fensterflächen im Nordwesten behindern das Luftelement erheblich. Die Beweglichkeit wird eingeschränkt, Kommunikations- und Beziehungsprobleme entstehen. Es gibt aber auch gutes zu berichten. Ein Nordwest-Büro fördert Geschäfte und Kontakte. Wer jedoch seine Psyche stabilisieren will, sollte sich mal seinen Nordwesten genauer anschauen und wenn nötig harmonisieren.

Eine Ganesha-Statue im Nordwesten bringt seelische Stabilität, Selbstdisziplin und gute Kontakte.

Ganesha ist ein klassisches Vastu-Hilfsmittel gegen Defekte im Nordwesten. Er verhilft zu seelischer Stabilität, Selbstdisziplin und zu guten Kontakten. Alternativ geht auch die Statue eines Elefanten.

3.4. Zusammenfassung

Zum besseren Verständnis des bisher Gesagten hier nun eine kurze Zusammenfassung der einzelnen Planeten mit ihren Eigenschaften und der besten räumlichen Nutzungsmöglichkeit der jeweiligen Himmelsrichtung.

Richtung	Planet	Eigenschaften	Nutzung
Nordosten	Jupiter	Gesundheit, Reichtum, Wohlergehen, Nachkommen	Meditation, Wohnzimmer, Eingang, Studierzimmer
	Ketu	Schmerz, Leid, Befreiung, Spiritualität	
Osten	Sonne	Karriere, Erfolg, Vitalität	Wohnzimmer, Esszimmer, Eingang
Südosten	Venus	Gesundheit vor allem der Frauen, Häusliche Tätigkeiten	Küche
Süden	Mars	Wohlergehen, Glück, Reichtum, Infektionen, Unfälle, körperliche Tätigkeiten	Werkstatt, Lager, Treppenhaus, Wohnzimmer, Schlafzimmer
Südwesten	Rahu	Dunkelheit, Lebenslänge, Stabilität	Schlafzimmer, Abstellraum
Westen	Saturn	Verzögerung, Vollendung, Reife	Schlafzimmer, Kinderzimmer, Esszimmer
Nordwesten	Mond	Kommunikation, Geschäfte, Veränderungen, Freunde, Feinde, Emotionen	Gästezimmer, Büro, Bad, Toilette
Norden	Merkur	Reichtum, Gesundheit, Bildung	Studierzimmer, Wohnzimmer, Eingang, Safe

(Tab. 3.1) Zusammenfassung der Zuordnung der einzelnen Himmelsrichtungen

3.5. Moderne Erklärungsansätze

Wir wissen, dass geometrische Strukturen Energiefänger sind, das bekannteste Beispiel dafür sind die Pyramiden, deren wohltuende energetische Wirkung bereits vielfältigst beschrieben wurde. Die Urform des Raumes ist gemäß indischer Überlieferung das Rechteck oder Quadrat. Dies ist die erste und wichtigste geometrische Struktur, welche Energien empfängt. Sie besteht aus vier geraden Linien.

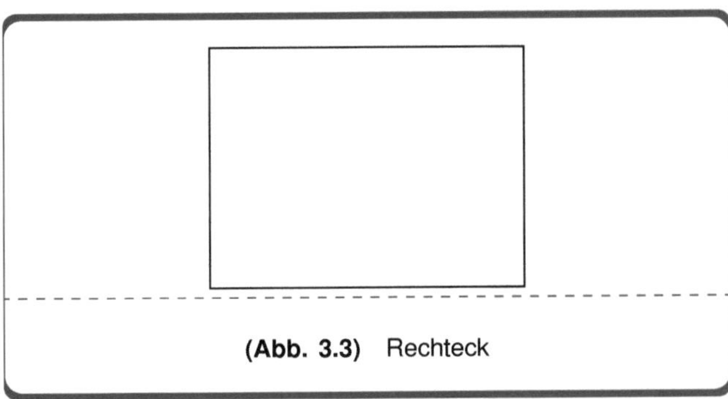

(Abb. 3.3) Rechteck

Zwei Linien verlaufen von oben nach unten bzw. vom Norden nach Süden, zwei von rechts nach links bzw. vom Osten nach Westen.

Die Erde besitzt dabei zwei Energieströme, die sich in den geometrischen Strukturen sammeln. Aus dem Norden kommen die mehr magnetischen, organischen, heilenden Energien. Aus dem Osten empfangen wir die mehr elektrischen, solaren, vitalisierenden Energien.

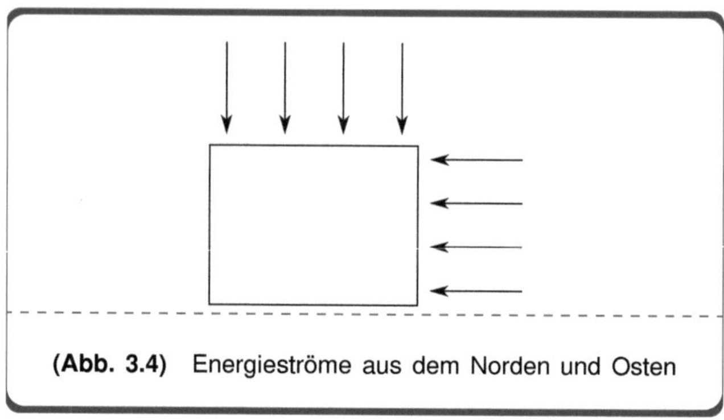

(Abb. 3.4)   Energieströme aus dem Norden und Osten

Die senkrechten Linien des Rechtecks treten dabei im besonderen Maße mit den Lebensenergieströmen aus dem Norden in Resonanz, ähnlich einem Stabmagneten. Der Pluspol der senkrechten Linie liegt dabei im Norden (oben), der negative Pol im Süden (unten).

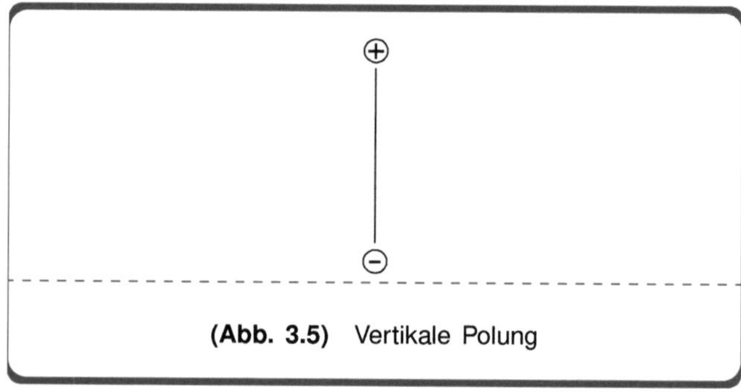

(Abb. 3.5)   Vertikale Polung

Eine waagrechte Linie dagegen fängt die elektrischen Energien ein, mit einem Pluspol im Osten (rechts) und dem Minuspol im Westen (links).

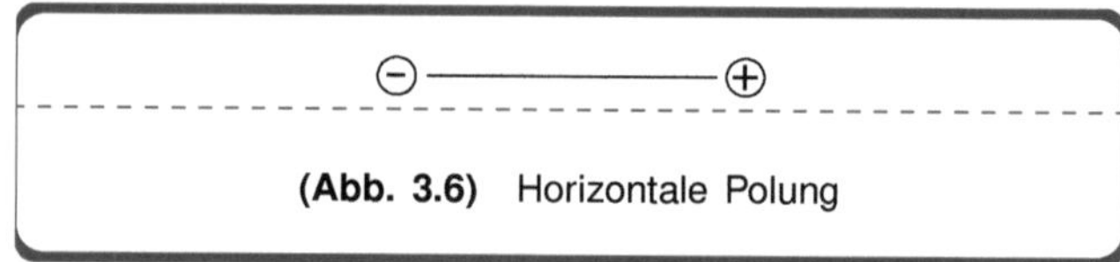

(Abb. 3.6)   Horizontale Polung

Verbinden wir jeweils zwei senkrechte und zwei waagrechte Linien, sodass wir ein Viereck erhalten, ergibt dies folgende Polaritäten:

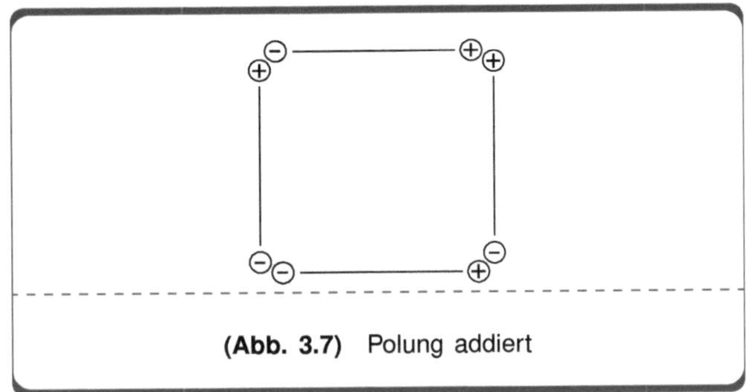

(Abb. 3.7) Polung addiert

Dort, wo ein Pluspol vorherrscht, haben wir ein entsprechend starkes Energiefeld. Wer in diesen Sektoren zum Beispiel einen Hauseingang besitzt verfügt über eine energetisch gute Situation im gesamten Gebäude. Wer dagegen einen Hauseingang im minuspoligen Bereich hat, der muss mit Komplikationen vielfältigster Art rechnen. Doch dazu später mehr. Wichtig ist es festzuhalten, dass wir im Nordosten sozusagen einen doppelten Pluspol besitzen, im Südwesten einen ebensolchen Minuspol.

Wir können nun den Energiefluss in einem Gebäude näher beschreiben. Er erfolgt dabei vom doppelpoligen Nordosten zum Minuspol des Nordnordwestens, der als Zwischenstation der Lebensenergie dient. Von dort geht es weiter zum stark negativen Südwestpol. Die zweite Energielinie verläuft vom Nordosten nach Südosten als Zwischenstation und von dort weiter nach Südwesten.

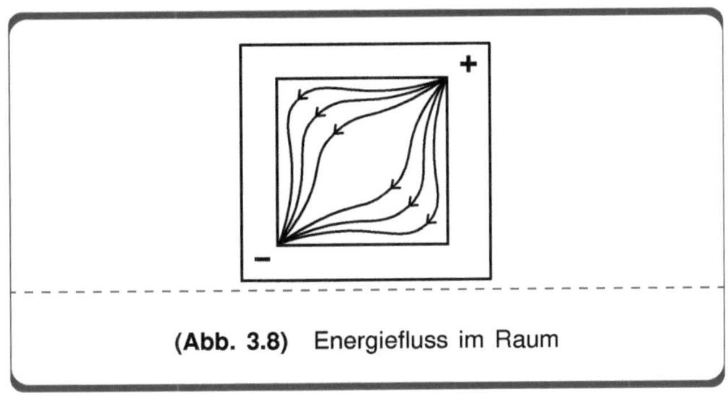

(Abb. 3.8) Energiefluss im Raum

Die solaren Kräfte des Ostens addieren sich hier mit denen des magnetischen Nordens und treten dadurch besonders verstärkt im Nordosten auf. Dies ist der Grund, warum vor allem und an erster Stelle auf einen richtig gestalteten Nordosten aber auch Norden und Osten geachtet werden muss.

Erhebungen oder Berge im Nordosten, Norden und Osten blockieren dabei den Fluss der Energie. Bäume hingegen, von manchen Vastuexperten als Ultima Ratio aller Probleme im Osten und Nordosten betrachtet, werden nach allen empirischen Erfahrungen in ihrem Einfluss eher fehlbewertet. Bäume sind Lebensenergiefänger und Lebensenergieabstrahler. Goethe hatte zum Beispiel an der Nordostecke seines Hauses an der Ilm einen großen, alten Wacholderbaum. Der Wacholder gehört von seiner Signatur her zum Planeten Jupiter. Ein Wacholderbaum im Nordosten entstört besonders gut dort eventuell herrschende Vastudefekte, er kumuliert und transportiert die Energien dieser Himmelsrichtung erfolgreich zum Gebäude und seinen Bewohnern.

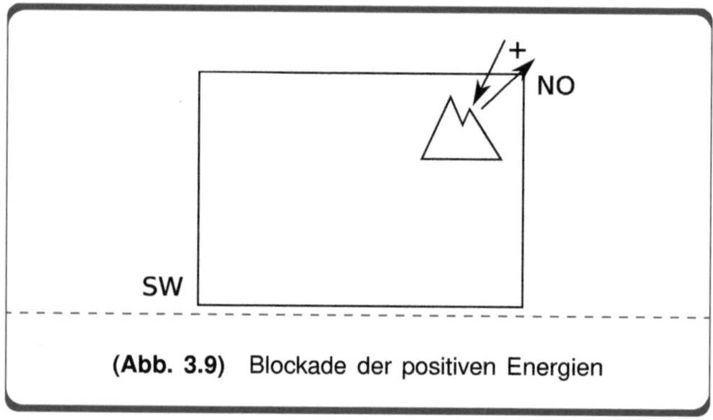

(**Abb. 3.9**) Blockade der positiven Energien

Im Südwesten, Süden und Westen dagegen blockiert ein Berg, Hügel, aber auch ein Baum, den Zufluss aller negativen Energie. Sie werden abgehalten, zurückgestrahlt und von den Bäumen sogar verwandelt.

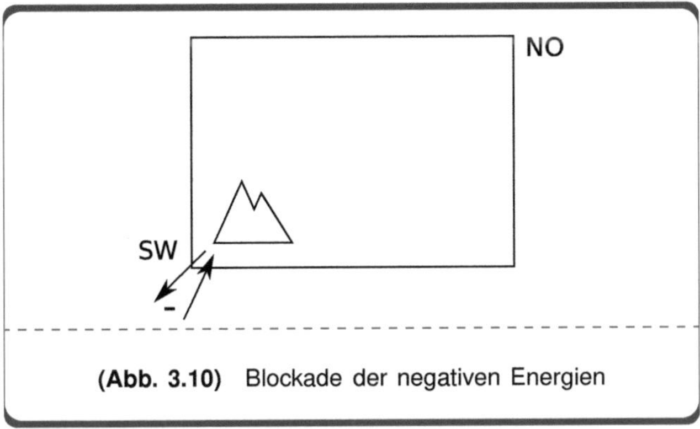

(Abb. 3.10) Blockade der negativen Energien

Eine Senke oder Vertiefung im Norden, Nordosten und Osten wirkt positiv. Sie verstärkt den freien Zufluss der Lebensenergie.

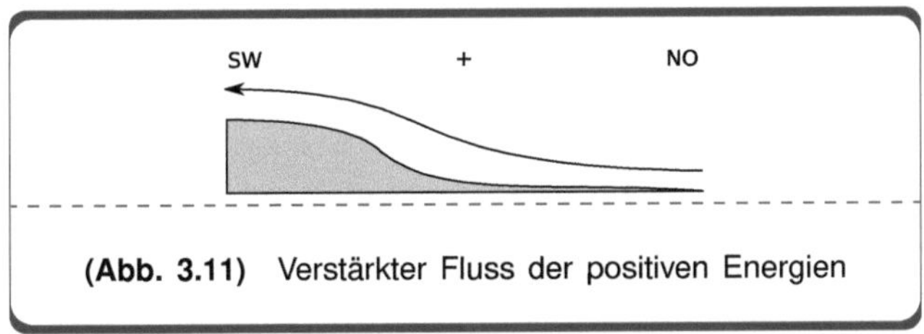

(Abb. 3.11) Verstärkter Fluss der positiven Energien

Im Südwesten, Süden und Westen dagegen kann die negative, abbauende Energie des Südpols und des Sonnenuntergangs durch eine Senke verstärkt Einfluss nehmen und sorgt so für mannigfache Schwierigkeiten.

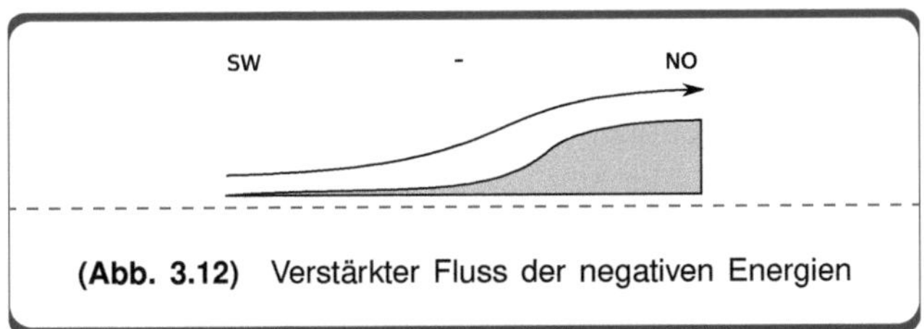

(Abb. 3.12) Verstärkter Fluss der negativen Energien

Wasser im Nordosten, Norden und Osten wirkt wie eine Vertiefung. Zusätzlich aber ist es ein Speichermedium für positive oder negative Schwingungen. Dies wissen wir aus den Forschungen Victor Schaubergers. Im Norden, Nordosten und Osten wirken freie Wasserflächen daher als Katalysator des positiven Vastuenergiefeldes, im Südwesten dagegen als Speicher der negativen enthropischen Energie.

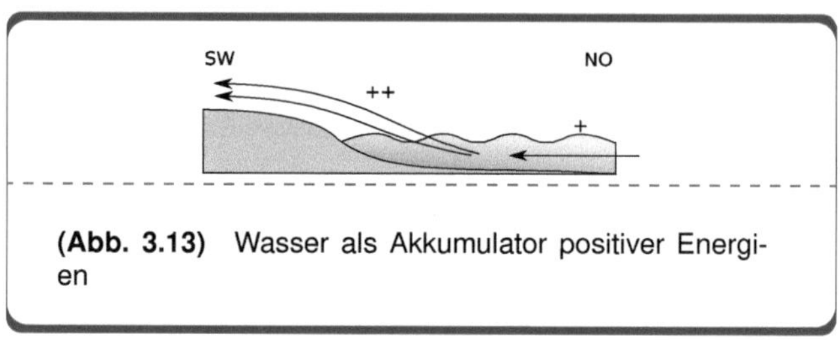

(Abb. 3.13)   Wasser als Akkumulator positiver Energien

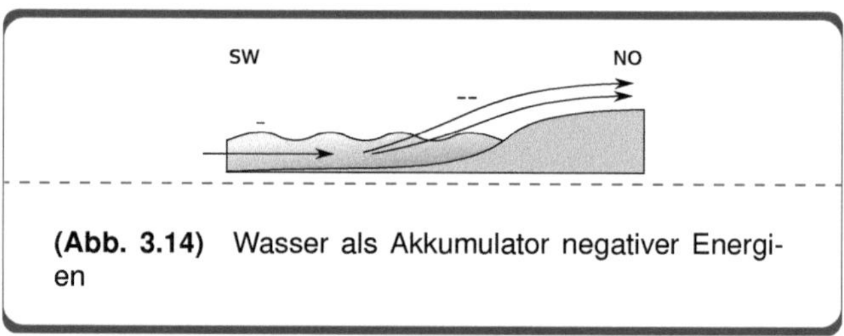

(Abb. 3.14)   Wasser als Akkumulator negativer Energien

All diese Faktoren müssen berücksichtigt werden, wenn wir verstehen wollen, warum ein Haus im Südwesten eines Grundstücks besonders gut platziert ist. Ein Bauwerk ist schwer und hoch und hat die gleiche energetische Wirkung wie ein Berg. Im Nordosten, Norden und Osten blockiert es daher den Zutritt der positiven Energien, im Südwesten den der negativen. Wasserflächen oder Vertiefungen verstärken zusätzlich den positiven Energiefluss im Nordosten und, wenn falsch platziert, einen negativen im Südwesten.

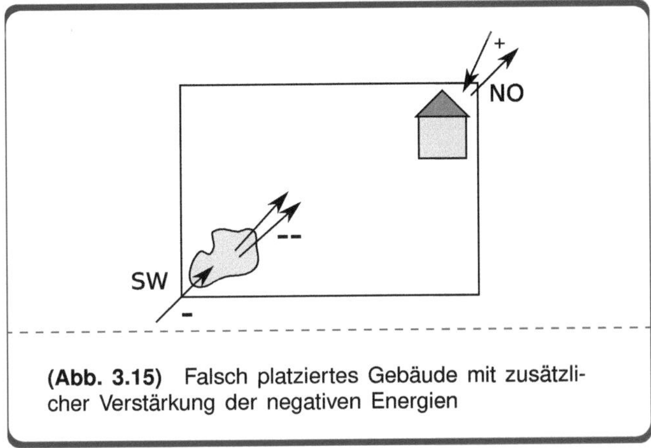

(Abb. 3.15) Falsch platziertes Gebäude mit zusätzlicher Verstärkung der negativen Energien

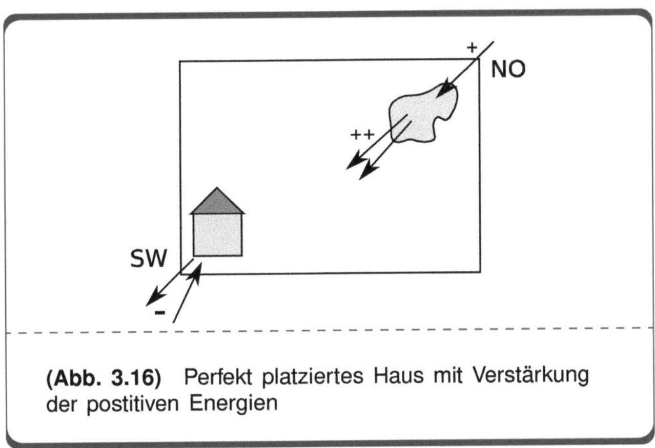

(Abb. 3.16) Perfekt platziertes Haus mit Verstärkung der postitiven Energien

Gerade die letzte Skizze führt uns nochmals die Wichtigkeit der Nordost-Südwest-Achse plastisch vor Augen. Dieser Achse ist bei jedem Haus, bei jeder Wohnung höchste Aufmerksamkeit zu widmen. Gelingt es, hier einen gesunden Energiefluss zu erzeugen, ist alles gewonnen. Wo nicht, sind Unpässlichkeiten, Energiemangel und eventuell auch Missgeschicke die Bürde der Bewohner. Mit Hilfe des dargelegten theoretischen Rüstzeugs ist es uns nun möglich, in die Praxis einzusteigen und ein energetisch hervorragendes Wohnumfeld zu schaffen.

3.6. Musterhaus

Mit den bisher angegebenen Regeln und Gesetzen ist es kein Problem mehr, ein energetisch hochwertiges Haus zu planen und zu bauen. Es könnte zum Beispiel so aussehen:

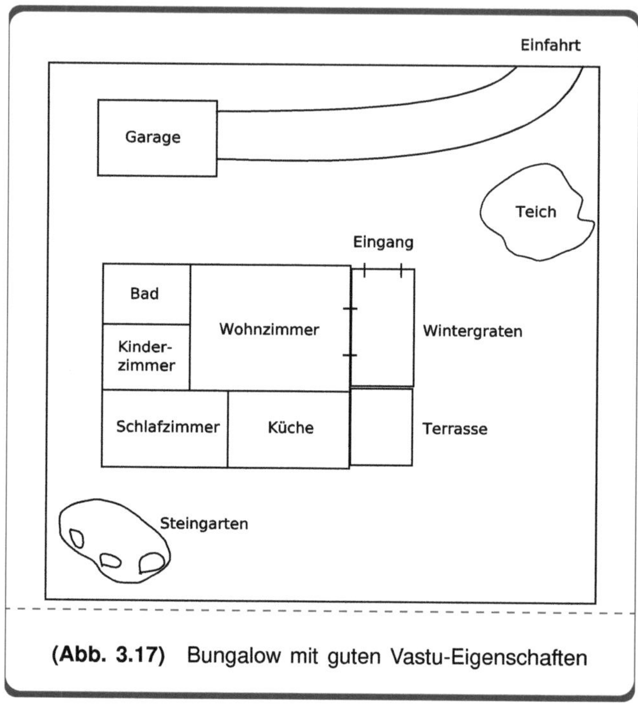

(Abb. 3.17)   Bungalow mit guten Vastu-Eigenschaften

Es sei hier angemerkt, dass auf allen Skizzen, in denen die Himmelsrichtungen nicht explizit angegeben sind, der Norden oben ist, der Osten rechts usw. In der Skizze oben ist somit die Einfahrt im Nordosten, die Garage im Nordwesten und der Steingarten im Südwesten.

Erklärung

Die Haupteinfahrt zum Grundstück befindet sich im Nordosten, ebenso der Haupteingang zum Haus. Dies ist vorteilhaft für den

Besitzer. Die positive Lebensenergie des Nordostens kann ungehindert einfließen. Unter finanziellen Problemen werden die Besitzer unseres Traumhauses nicht leiden. Zusätzlich wird die Lebensenergie durch den Teich im Nordosten und die große, freie Grundstücksfläche gestärkt. Die Garage ist im Nordwesten günstig platziert. Das hier vorherrschende Element Luft sorgt für einen problemlosen Betrieb des Fahrzeuges. Im Südwesten wird das Element Erde durch den Steingarten unterstützt. Dies schützt das Grundstück vor negativen Energien. Langes Leben und Stabilität der Bewohner werden so gefördert. Die Grundstücksfläche im Südwesten des Hauses ist auch geringer als im Nordosten. Negative Energien haben dadurch keinen Raum, um sich zu entfalten.

Das Schlafzimmer im Südwesten des Hauses sorgt für einen gesunden, erholsamen Schlaf. Durch die Küche im Südosten wird das Feuerelement gestärkt. Den Bewohnern wird es daher nie an Schwung und Elan fehlen. Die Entwicklung des Kindes wird durch das Zimmer im Westen nachhaltig unterstützt. Die abbauenden Energien der Toilette können im Nordwesten keinen Schaden anrichten, das Element Luft sorgt dort für den schnellen Abtransport. Eine Terrasse im Osten, verbunden mit viel Fensterfläche, lässt die solaren, elektrischen Energien ins Haus. Wohlstand, Karriere und Vitalität der Bewohner werden dadurch gesteigert. Auch eine Gebäudeerweiterung in Form eines Wintergartens ist in dieser Himmelsrichtung sehr zu empfehlen.

Wer ein solches Haus bewohnt wird ein Leben voller Freude, Glück und Harmonie erfahren, dies ist die feste Überzeugung des Vastu. Schauen sie sich selbst einmal in ihrer Umgebung um. Vielleicht haben Nachbarn von ihnen ein Haus, in dem nur einige der erwähnten Prinzipien realisiert wurden. Überhaupt stellen die Häuser von vermögenden Zeitgenossen interessante Studienobjekte dar, deren Untersuchung nach Vastu-Gesichtspunkten das ein oder andere „AHA-Erlebnis" auslösen wird.

Leider hat nicht jeder die Möglichkeit, bei Problemen sofort ein neues Haus zu bauen. Wir werden daher im Folgenden untersuchen, wie Grundstücke, Häuser und auch Wohnungen gestaltet sein müssen, damit kein negatives Energiefeld entsteht, und wir werden mögliche Korrekturmaßnahmen zur Neutralisierung der Problemzonen finden und beurteilen.

Teil II.

Grundlagen

4. Das Grundstück

4.1. Grundstücksform

Das perfekte Grundstück ist im Vastu rechteckig, einzige Ausnahmen sind Erweiterungen im Nordosten. Diese wirken sich positiv auf das Energiefeld aus und sind daher sehr empfehlenswert. Die gestrichelte Linie zeigt ein Rechteck, das in diesem Fall aber nicht eingehalten werden sollte. Jede Erweiterung der Grundstücksfläche im Nordosten verstärkt das Energiefeld und wirkt sich positiv auf Reichtum, Wohlstand und Gesundheit der Bewohner aus.

Die im Folgenden angeführten Abbildungen sind nur Skizzen, die Form und Ausprägung der Erweiterung kann natürlich von Fall zu Fall variieren.

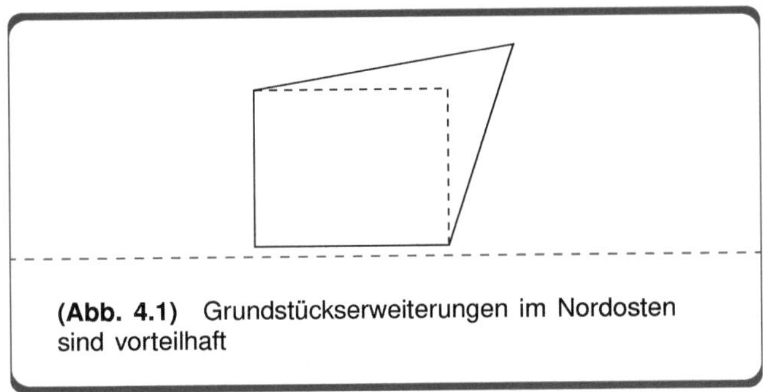

(Abb. 4.1) Grundstückserweiterungen im Nordosten sind vorteilhaft

Erweiterungen in allen Richtungen außer dem Nordosten sind problematisch und generieren Vastudefekte.

Die Abbildung 4.2 auf der nächsten Seite zeigt einen erweiterten Südwesten. Dies fördert die dort vorherrschenden negativen Energien in ungünstiger Weise, so dass die Bewohner mit Unfallgefahr und wirtschaftlichen Verlusten rechnen müssen. Es ist unbedingt zu empfehlen, die Erweiterungen gemäß der gestrichelten Linie abzutrennen.

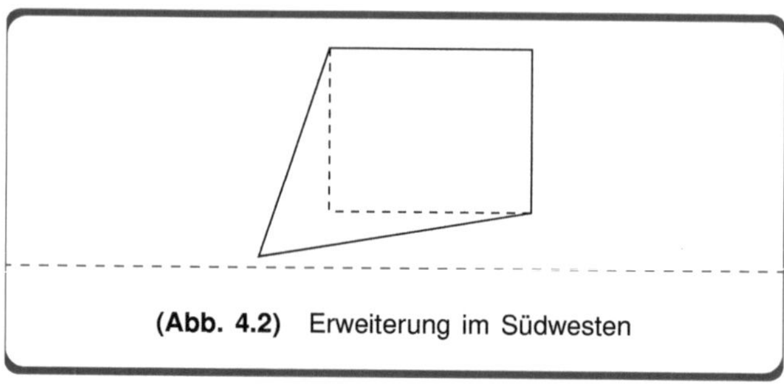

(Abb. 4.2) Erweiterung im Südwesten

Erweiterungen im Nordwesten (Abb. 4.3) zeitigen psychische Probleme, Feindschaften, zweifelhafte Geschäftspartner und Probleme mit den Banken. Die Erweiterung sollte unbedingt abgetrennt werden, eine neue Bereichseingrenzung sollte längs der gestrichelten Linie entstehen, z.B. durch einen Zaun oder eine Hecke, so dass ein Rechteck entsteht.

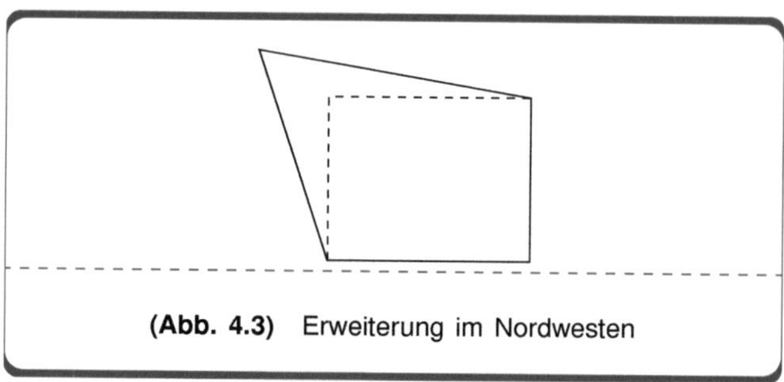

(Abb. 4.3) Erweiterung im Nordwesten

Eine Erweiterung im Südosten (Abb. 4.4 auf der nächsten Seite) führt zu einer übermäßigen Präsenz des Elements Feuer. Unfälle, Gesundheitsprobleme, Streit und Diebstahl, aber auch Feuergefahr sind die möglichen Konsequenzen dieses Defekts. Auch hier sollte die Grundstücksform durch geeignete Maßnahmen rechteckig umgestaltet werden. Die gewonnene freie Fläche im Südosten kann z.B. als Parkplatz genutzt werden, oder - wenn die Fläche groß genug ist - als Garage. Eine klare, exakte Abtrennung des Wohnhauses von dieser Südosterweiterung reicht aus, um die negativen Einwirkungen zu beseitigen.

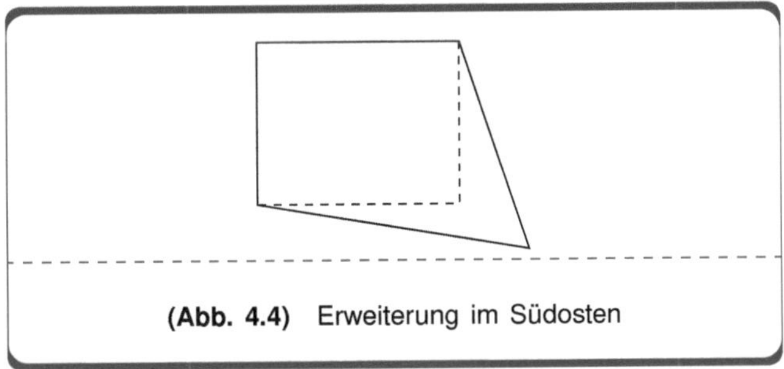

(Abb. 4.4) Erweiterung im Südosten

Manche Grundstücke haben einen Fehlbereich, vor allem solche im Nordosten sind sehr negativ zu werten (Abb. 4.5). Eine abgeschnittene Ecke hier führt zu wirtschaftlichen Verlusten, Karriereproblemen und schwankender Gesundheit. Diese Konstellation bitte unbedingt vermeiden! Sollte dieser Defekt vorhanden sein, muss das Grundstück dringendst korrigiert werden! Eine Abtrennung des nordwestlichen Teiles zeigt die Skizze anhand der gestrichelten Linie auf. Der abgetrennte Teil kann natürlich als Vorgarten oder auch als Autostellplatz genutzt werden. Wichtig ist, dabei für einen Zugang im positiven Teil des Hauptgrundstückes zu sorgen.

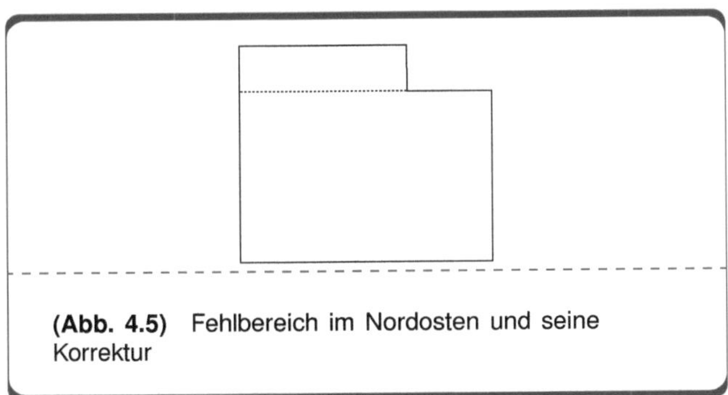

(Abb. 4.5) Fehlbereich im Nordosten und seine Korrektur

Die Fehlbereiche in den anderen Himmelsrichtungen gelten als weniger problematisch, sollten aber nach Möglichkeit dennoch vermieden werden. Eine fehlende Fläche im Südosten schwächt das Feuerelement. Dies führt zu Vitalitätsmangel bei den Bewohnern. Ähnlich kann eine fehlende Ecke im Nordwesten durch das geschwächte Luftelement geistige Trägheit und Schwerfälligkeit der Bewohner verursachen. Im Südwesten wiederum ist mit fehlender innerer Stabilität, mangelndem Selbstvertrauen und mangelnder

Durchsetzungsfähigkeit zu rechnen.

4.2. Die Zufahrt zum Grundstück

Die positiven und negativen Bereiche des Vastu-Energiefeldes haben wir bereits dargestellt. Übertragen wir diese Informationen auf die Grundstückszufahrten, dann ergibt sich folgendes Bild:

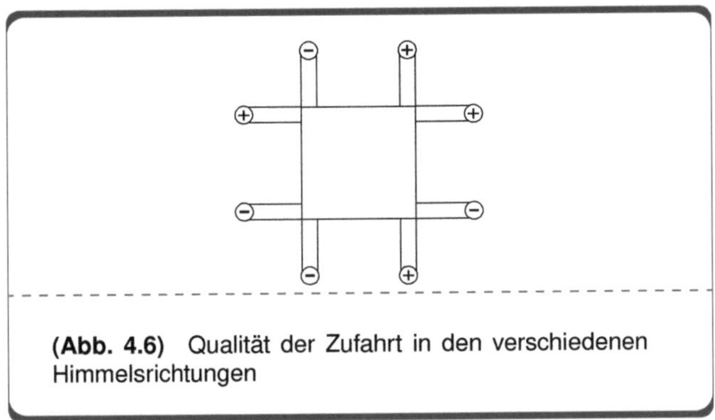

(Abb. 4.6) Qualität der Zufahrt in den verschiedenen Himmelsrichtungen

Ein Eingang im NNO oder ONO kann nur empfohlen werden. Ebenso wirkt sich eine Zufahrt im positiven Bereich des Nordwestens und des Südostens fördernd auf die Grundstücksbewohner aus.

Alle anderen Bereich sollten unbedingt gemieden werden, vor allem der doppelt negative Südwesten eignet sich als Zufahrt nicht. Wenn der Defekt vorliegt sind Umbaumaßnahmen sehr hilfreich.

Zufahrt Südsüdwesten

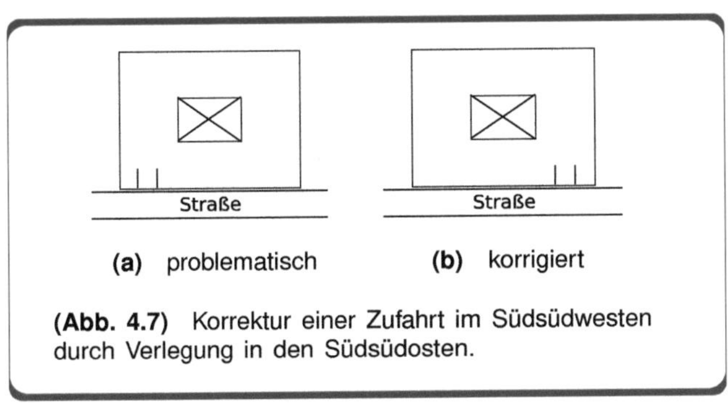

(Abb. 4.7) Korrektur einer Zufahrt im Südsüdwesten durch Verlegung in den Südsüdosten.

Die Zufahrt im Südsüdwesten stellt eine der schlechtesten Entscheidungen dar. Selbst bei ansonsten guten Vastustrukturen wirkt sich diese Anordnung ungünstig auf die Bewohner aus. Einkommen und Lebensdauer der Betroffenen werden, falls keine probaten Gegenmaßnahmen ergriffen werden, negativ beeinflusst. Das öffentliche Ansehen kann unter dieser Konstellation leiden. Wenn es möglich ist verlegen sie den Zugang in den Südsüdosten. Aber keine Panik, wenn die Geldmittel für den Umbau fehlen oder sie gar nur in Miete wohnen. Es gibt wirklich einfache und ausreichende Maßnahmen, um das Energiefeld zu stabilisieren. Geben sie einen großen Stein in den Südwesten. Ein kopfgroßer Stein genügt! Nach oben hin sind natürlich keine Grenzen gesetzt, wichtig ist es vor allem, symbolisch Schwere einzubringen, und das geht nun mal aller Erfahrung nach ab Kopfgröße. Probieren sie es einfach aus!

Zufahrt Ostsüdosten

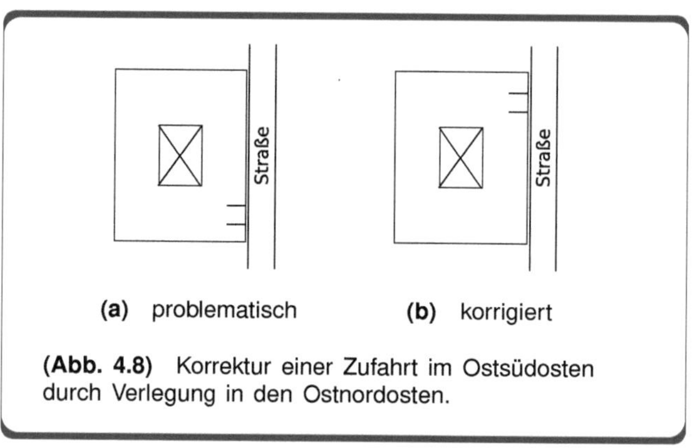

(Abb. 4.8) Korrektur einer Zufahrt im Ostsüdosten durch Verlegung in den Ostnordosten.

Die Zufahrt Ostsüdost ist eine weniger zu empfehlende Konstellation. Meinungsverschiedenheiten bis hin zu hitzigen Streitigkeiten, Ärger, Sorgen, beruflicher und privater Misserfolg, fehlendes Vertrauen in die eigenen Gefühle, Nervosität, Ruhelosigkeit, Gerichtsfälle, Meinungsverschiedenheiten sind durch diese Anordnung der Zufahrt und/oder des Eingangs im Ostsüdosten zu erwarten. Allgemein ist die Gefühlsfunktion gestört. Dies liegt an der stark negativen Einwirkung des Planeten Venus in diesem Sektor. Ein schlecht gelegter Haupteingang bzw. eine negative Zufahrt wirkt ähnlich wie ein schlecht aspektierter Planet im Horoskop. Die astrologische Entsprechung zu einem Haupteingang im negativen Bereich wären Oppositionen (180°) oder Quadrate (90°) am Sternenhimmel zum jeweiligen herrschenden Planeten. Die feinstofflichen Wellen strömen hier dissonant auf den Wohnkubus ein, sie stören den geradlinigen Energiefluss. Eine Verlegung der Zufahrt nach Nordosten ist anzuraten. Sollte dies nicht möglich oder gewünscht sein, dann verwenden sie rot, orange und gelb blühende Blumen in diesem Korridor. Als besonders wirksam gelten Nelken, Kamille und Malven. Deren Frequenzen entstören ganz unabhängig von der Blütenfarbe den Sektor wirksam. Alternativ können sie auch ein Shri-Yantra, das Yantra des Schöpfungsprozesses, an der Haustüre anbringen oder, wie es Goethe tat, ein Schutzsymbol auf dem Boden in Form eines Mosaiks ausbringen. Goethe wählte dazu den Fünfstern, das Pentagramm, ein höchst wirksames Schutzzeichen. Alternativ bietet aber auch das Hexagramm gute Hilfe. Wem das ganze zu okkult ist, der kann bei den oben erwähnten Pflanzen bleiben. Auch die Farben Gelb, Orange und Rot, im Pflaster oder an Gartenaccessoires (Blumentöpfe etc.), gelten als gute Möglichkeiten, diesen Sektor zu harmonisieren.

Um das Leben und die Finanzen in den Griff zu bekommen, ist die Verlegung der Einfahrt in den Ostnordosten sehr förderlich. Geistige Beweglichkeit, Wiederstandskraft, Wohlstand und sicheres Auftreten werden vormals fehlende Tatkraft und das Gefühl der Überlastung ablösen. Auch die Entwicklung der Spiritualität tritt nicht mehr auf der Stelle sondern kommt vorwärts, vorausgesetzt, außer der Zufahrt ist auch die Eingangstür nach den Gesetzen des Vastu gestaltet.

Zufahrt Nordnordwesten

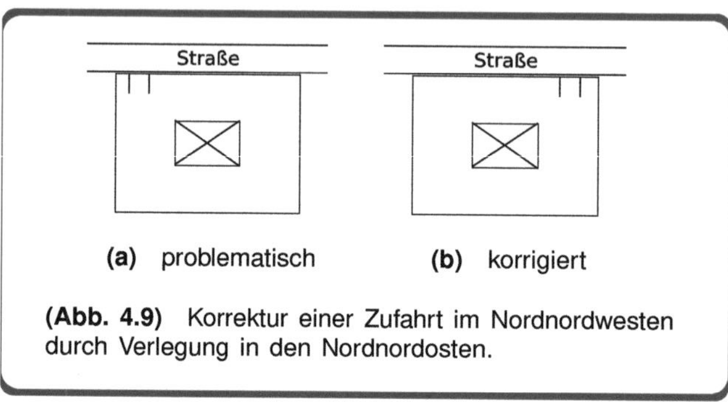

(Abb. 4.9)   Korrektur einer Zufahrt im Nordnordwesten durch Verlegung in den Nordnordosten.

Auch hier liegt der Zugang zum Grundstück wieder im negativen Bereich. Das Element Luft sorgt für negative Kommunikation. Wir haben keine vernünftigen Freunde, dafür aber gerne ekelhafte Vorgesetzte oder, im Falle der Selbstständigkeit, schwierige Kunden. Das Geld zerrinnt zwischen den Fingern, die Ausgaben übersteigen die Einnahmen. Probleme mit Banken, ebenso Rechtsstreitigkeiten sind für diesen Bereich typisch, gegen Feindschaften ist verstärkt anzukämpfen. Der hier herrschende Mond sorgt in seiner negativen Aspektierung zusätzlich für innere Unruhe und Unstetigkeit des Geistes. Auch psychische Störungen, in leichteren Fällen Kopfschmerzen und Migräne, sind hier typische von den „Propheten" des Vastu erwartete Probleme. Die negative Luft verhindert auch den Denkkontakt zu sich selbst, verloren im Raum findet der Betroffene nicht den richtigen Halt. Beim „Burnout-Syndrom" sollte zuerst an einen Vastudefekt im Nordnordwesten gedacht werden. Die Verlegung in den Nordnordosten beseitigt diese Störungen, Reichtum und Fülle erhalten hier nun Einzug, emotionale Ausgeglichenheit und Lebenslust werden zurückkehren.

Wir dürfen nicht vergessen: Zufahrt zum Grundstück und Eingang zum Haus sind mit die wichtigsten Aspekte im Vastu, um zu einem hervorragenden energetischen Gesamtkonzept zu kommen. Auf diese Frage muss daher besonders Wert gelegt werden.

Zufahrt Westsüdwesten

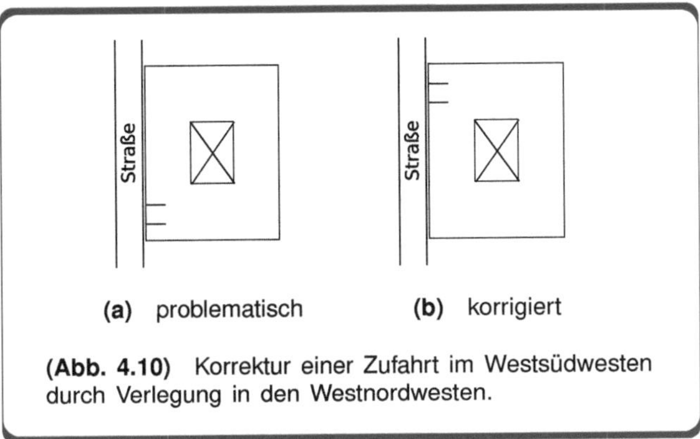

(a) problematisch   (b) korrigiert

(Abb. 4.10) Korrektur einer Zufahrt im Westsüdwesten durch Verlegung in den Westnordwesten.

Dies gehört zu den negativsten Zufahrten. Depressionen, Ängste, fehlende Lebensfreude und Lethargie sind zu erwarten. Durch die Verlegung des Zugangs in den positiven Bereich des Westnordwestens werden diese Schwierigkeiten schwinden. Das Luftelement dort besitzt eine sehr positive energetische Präsenz, die für Glück und beruflichen Erfolg sorgt. Ein guter Freundeskreis ist wahrscheinlich und bringt eine hervorragende Positionierung im gesellschaftlichen Umfeld. Allerdings nicht immer ist der Eingang Westsüdwesten vollends negativ zu werten. Erfahrene Lebensenergieberater werden die persönliche Konstellation anhand des Geburtsbildes und die zeitlichen Schwankungen im Energiefluss in ihre Analyse mit einbeziehen, um zu einem endgültigen und praktikablen Urteil zu gelangen. Nicht immer ist der Schnellschuss eines Umbaus die zwingende Lösung oder gar nötig. Maßhalten und Zurückhaltung lohnen allemal. Im Zweifel entstören sie besser zuerst den Bereich fachmännisch und schauen dann auf die Wirkung. Tritt Besserung ein, dann kann an eine endgültige Lösung des Umbaus gedacht werden. Tritt kein Besserung ein, dann kann die Ursache auch ganz wo anders liegen. Nicht immer sind die feinstofflichen Störungen im Energiefeld sofort zu erkennen oder springen gar ins Auge!

4.3. Grundstücksgefälle

Ein eben gelegenes Grundstück ist grundsätzlich positiv zu werten, wenn wichtige Regeln eingehalten werden, wie z.B. die, dass sich mehr Fläche im Nordosten als im Südwesten befinden sollte, oder keine schweren Gewichte im Nordosten. Auch das Grundstücksgefälle kann sich positiv auf die Energie des Vastufeldes auswirken. Wir wissen, dass die Energien des Nordens und Ostens leichter sind. Vertiefungen hier helfen dabei, sie zu generieren. So wird auch klar, dass ein Gefälle von Westen nach Osten, von Süden nach Norden und von Südwesten nach Nordosten äußerst günstig sind.

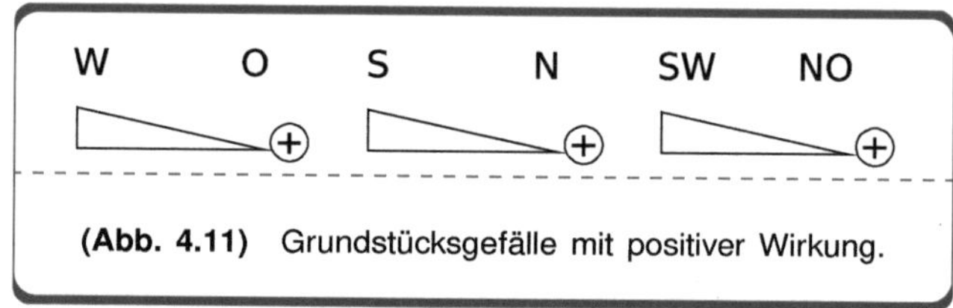

(Abb. 4.11) Grundstücksgefälle mit positiver Wirkung.

Am idealsten wäre folgende Kombination: Leichte Steigung vom Nordosten nach Nordwesten und vom Nordosten nach Südosten. Jeweils von Nordwesten und Südosten nochmal ein leichter Niveauanstieg nach Südwesten. Dies generiert eine sehr kraftvolle Umgebung. Glück, Wohlstand, Harmonie und Gesundheit stellen sich ein, vorausgesetzt, das auf dem Grundstück stehende Haus ist in dieses Energiefeld integriert.

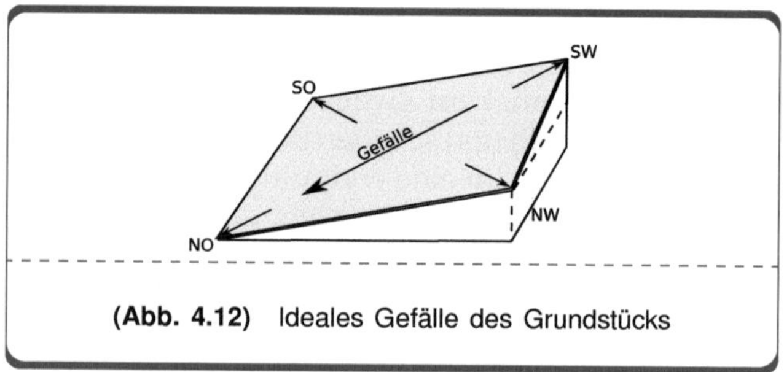

(Abb. 4.12) Ideales Gefälle des Grundstücks

Zu vermeiden ist hingegen ein hochgelegner Osten und ein niedriger Westen. Dies führt zu Karriereproblemen und Vitalitätsverlust. Ein hoher Norden und ein niedriger Süden hingegen werden vor allem Krankheiten und finanzielle Verluste mit sich bringen, ebenso ein erhöhter Nordwesten.

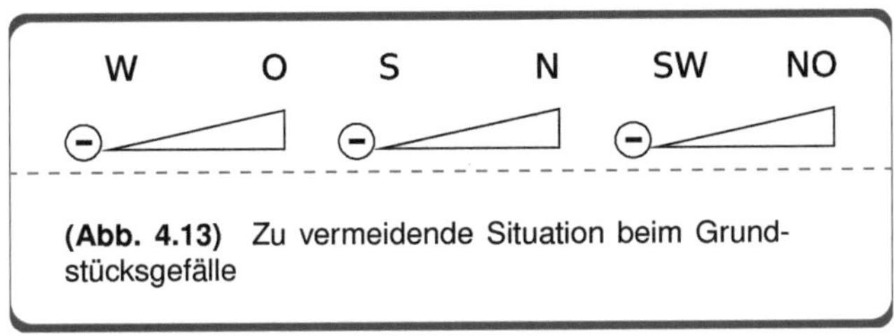

(Abb. 4.13) Zu vermeidende Situation beim Grundstücksgefälle

In solchen Fällen sollen nach Meinung vieler Vastuberater unbedingt Erdarbeiten durchgeführt werden, um das Energieniveau anzugleichen. Nach über zehn Jahren Erfahrung in der Vastu-Beratung und entsprechender Korrektur von vielen hunderten von Wohngebäuden bin ich zu der Überzeugung gelangt, dass derartige Maßnahmen nicht notwendig sind. Entstören sie einfach fachmännisch mit den entsprechenden Vastu-Tools. Ich habe damit bei meinen Kunden beste Erfahrungen gesammelt. Dazu folgt später mehr.

Seien sie vorsichtig, wenn selbsternannte indische Gurus ihnen Vastu-Schauergeschichten erzählen. Ich weiß von einem Guru, der behauptete, dass ein gutes Vastu-Energiefeld zu achtzig Prozent Erfolg, Gesundheit und Leben der Bewohner tangieren. Natürlich hatte er zu viel Geld, ließ umfangreiche Erdarbeit durchführen, um ein seiner Meinung nach ideales Energiefeld zu erzeugen. . . - und starb vor wenigen Jahren recht jung. Wie könnte es auch anders sein? Dogmatiker bekommen von der Wirklichkeit selten recht. Hybris ist kein guter Lehrmeister. Selbstkritisches Denken und Bescheidenheit zeichnen nicht nur einen guten Naturwissenschaftler aus. Aber natürlich erwarten allzuviele von einem „Erleuchteteten" die absolute Wahrheit. Was dann in der Praxis dabei herauskommt, können wir immer wieder erfahren. Bitte bedenken sie, nur Gott kennt die Wahrheit, jeder Mensch, der von sich behauptet, er sei erleuchtet usw., der lügt. Nur Gott in seiner Unendlichkeit hat die Wahrheit. Jede Wahrheit, die wir erkennen, ist nur ein Bruchstück dieser Unendlichkeit, mehr nicht.

Bleiben sie skeptisch! Ich denke: Ja, am Vastu ist was dran, spätere

Fallbeispiele werden ihnen sicherlich verständlich machen, warum ich an Vastu glaube. Zu Fatalismus und Aberglaube besteht dennoch kein Anlass. Es ist so ähnlich wie in der Astrologie. Schon der Astronom und Physiker Johannes Kepler war von der Richtigkeit der Astrologie überzeugt. Er war bekannt für seine zutreffenden Prognosen, aber auch verhasst wegen seiner Kritik an den Kollegen, die einfach ihr Handwerk schlecht beherrschten. Ähnlich wie in der Astrologie ist im Vastu derjenige schlecht beraten, der sich Angst machen lässt. Negatives ausschalten, Chancen nutzen, positive Lösungsansätze zu erkennen und aufzuzeigen, das ist die Aufgabe eines guten Astrologen und auch eines Vastulogen. Überprüfen sie Theorien immer an der empirischen Wirklichkeit, dies gilt auch für das Vastu.

4.4. Nebengebäude und Garage

Nebengebäude wie Holzschuppen für Gartengeräte werden am besten im Südwesten platziert. Bitte dabei immer Abstand zum Wohngebäude halten, damit die Prana-Energie um das Gebäude fließen kann. Ein nahtlos anschließendes Gebäude wirkt wie eine Erweiterung. Dies zeitigt gerade in den negativen Bereichen wie Südwesten, Nordnordwesten und Ostsüdosten wenig gutes.

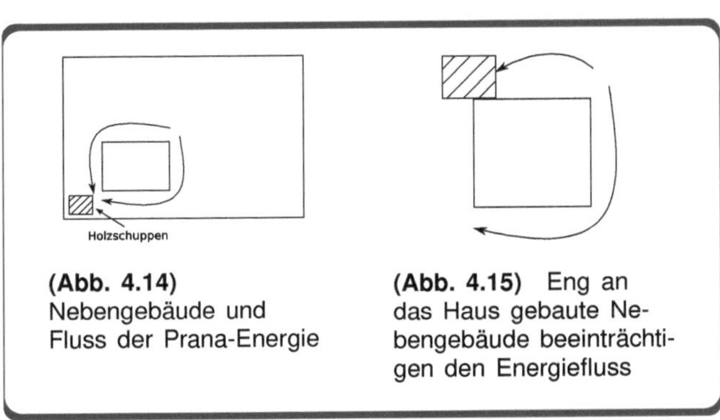

(Abb. 4.14) Nebengebäude und Fluss der Prana-Energie

(Abb. 4.15) Eng an das Haus gebaute Nebengebäude beeinträchtigen den Energiefluss

Garagen sollten nicht im Südwesten gebaut werden! Das hier vorherrschende Erdelement stört mit seiner Schwere und Dichte die Technik der Autos. Häufige unerwartete Reparaturen können die Folge sein. Das Auto ist aufgrund seines Motors und seiner Funktion den Elementen Luft und Feuer zuzuordnen. Der beste Platz für die Garage ist daher im Nordwesten (Luft). Der zweitbeste im Südosten (Feuer). Im Nordosten sollte jedes Nebengebäude gemieden werden, um den Fluss der Lebensenergie zu gewährleisten

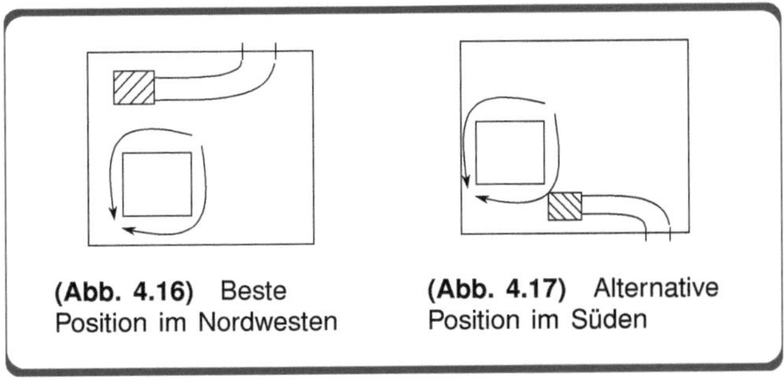

(Abb. 4.16) Beste Position im Nordwesten

(Abb. 4.17) Alternative Position im Süden

5. Der Wohnraum

5.1. Der Hauseingang

Die Lage des Hauseingangs ist eine der entscheidenden Faktoren für Erfolg und Wohlergehen der Bewohner. Auch hier können wir wieder unsere Skizze aus dem theoretischen Teil zu Rate ziehen, um zu einem guten Ergebnis zu gelangen.

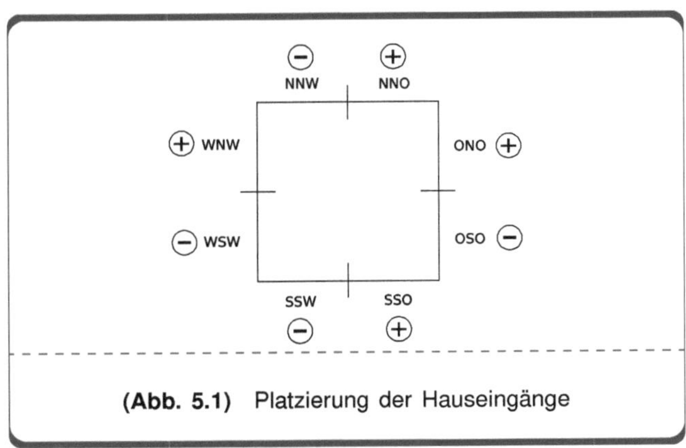

(Abb. 5.1) Platzierung der Hauseingänge

Liegt der Eingang in einem der positiven Bereiche, egal in welcher Himmelsrichtung, sind ebenso positive Ergebnisse zu erwarten.

Im Nordnordosten und Ostnordosten stellen sich Erfolg und Wohlstand ein. Diese Eingangslage gilt als besonders vorteilhaft für Intelligenz, Weisheit und Gelehrsamkeit. Im Westnordwesten ist es hauptsächlich beruflicher Erfolg und Glück. Auch der Südsüdosten steht für Erfolg und Gesundheit, vorzüglich für Frauen.

Ein Eingang im Südsüdwesten und Westsüdwesten dagegen führt zu beruflichen und privaten Problemen, Verlust des Geldes und der Stellung in der Gesellschaft. Außerdem kann es zu Krankheiten aller Art kommen. Im Nordnordwesten führt die geringe Qualität dieses Bereiches zu Unruhe und Unstetigkeit. Psychische Probleme aber auch Rechtsstreitigkeiten und Probleme mit der Bank sind zu erwarten. Im Ostsüdosten generiert ein Eingang Gerichtsfälle, Meinungsverschiedenheiten, Streitfälle und Unfälle. Ausführlich haben wir die einzelnen zu erwartenden Defekte schon im Kapitel 4.2 auf Seite 59 dargestellt. Allgemein wirkt sich dabei ein fehlpositionierter Hauseingang schneller aus als eine falsch platzierte Zufahrt. Zufahrten brauchen manchmal über 10 Jahre um ihr negatives Energiefeld nachhaltig aufzubauen, jedoch kommt dabei vieles auf die Grundstücksgestaltung an. Ein durch Hecken oder Mauern eingefasstes Grundstück wird die Defekte schneller generieren als ein frei stehendes Haus.

Im negativen Teil gelegene Eingangstüren sollten verlegt werden. Man scheue in einem solchen Fall keinesfalls Kosten und Mühe, um die energetische Situation zu verbessern. Wer hier spart, der spart am falschen Fleck! Wenn eine Verlegung der Tür mit Schwierigkeiten verbunden ist, dann kann als Kompromiss eine kompensierende Fensterfläche, die bis zum Boden reicht, in einem starken bzw. positiven Teil des Gebäudes angelegt werden.

Türe im falschen Bereich	Ausgleich im
Nordnordwesten	Nordnordosten
Südsüdwesten	Nordnordosten
Westsüdwesten	Ostnordosten
Ostsüdosten	Ostnordosten

(Tab. 5.1) Türen im falschen Bereich und ihre mögliche Verlagerung

Beispiel: Wir haben eine Tür im Ostsüdosten, also im problematischen Teil des Südostens. Die beste Lösung ist es, die Tür zu verlegen. Dazu eignet sich an erster Stelle der Nordosten mit seinen zwei Bereichen, dem NNO umd dem ONO. Kann die Türe nicht verlegt werden, aus welchen Gründen auch immer, dann sollte unbedingt wenigstens ein Fenster Im Türformat, also schmal und bis zum Boden reichend, als Ausgleich im Nordosten angebracht werden.

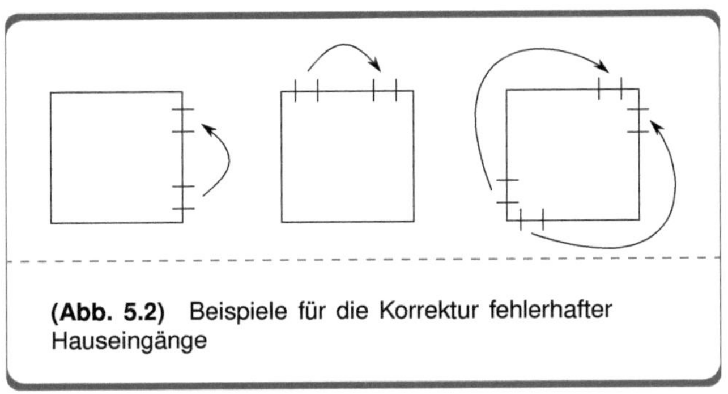

(Abb. 5.2) Beispiele für die Korrektur fehlerhafter
Hauseingänge

Je mehr Fensterfläche sich in den positiven Bereichen des Hauses
befindet, desto besser. Durch konsequente Vermeidung des gesamten Südwestens des Ostsüdostens und Nordnordwestens gelangen
wir zum Idealfall. In der Praxis ist dies sicherlich nicht zu verwirklichen, sollte aber vom Konzept her beim Neubau eines Hauses wenigstens angedacht werden. In eine der Fensterflächen des
Nordostens sollte dabei der Hauseingang integriert werden.

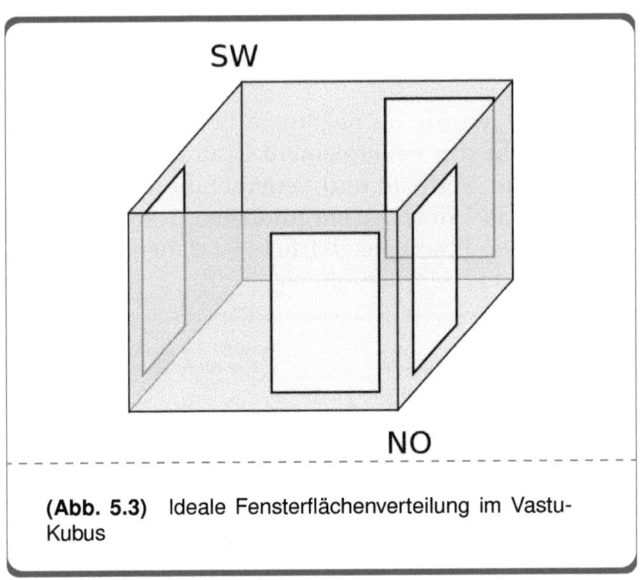

(Abb. 5.3) Ideale Fensterflächenverteilung im Vastu-
Kubus

5.2. Hauserweiterungen

Ein Haus mit Erweiterungen in positiven Bereichen dürfte weniger Probleme bereiten. Eine Korrektur ist daher nicht unbedingt nötig. Hauserweiterungen in negativen Bereichen dagegen stören das Vastu-Energiefeld des Hauses empfindlich. Sie sollten, wo möglich, korrigiert werden. Mögliche Folgen sind ähnlich denen im Kapitel 5.1 auf Seite 69 geschilderten bei falsch gelegenem Hauseingang.

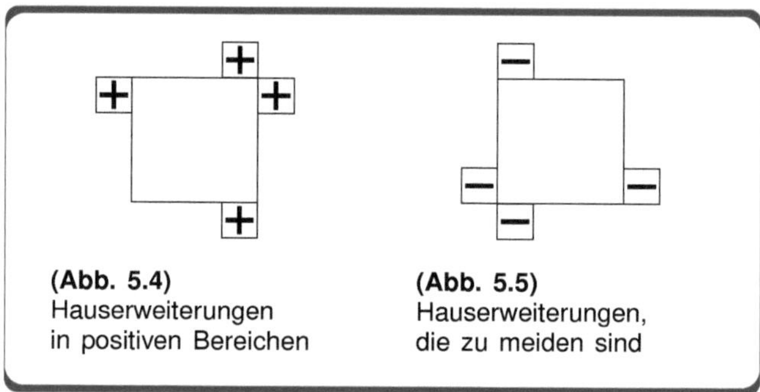

(Abb. 5.4)
Hauserweiterungen
in positiven Bereichen

(Abb. 5.5)
Hauserweiterungen,
die zu meiden sind

Korrektur einer Hauserweiterung im negativen Bereich

Beispiel: Das Haus wurde im negativen Bereich des Südostens erweitert. Dies stärkt das Feuerelement in unguter Art und Weise. Unfälle, Einbrüche, Verluste und Feuergefahr sind die möglichen Auswirkungen. Ein Wintergarten im Osten des Nordostens würde diesen negativen Effekt ausgleichen, ist daher bei einer solchen Situation dringend zu empfehlen.

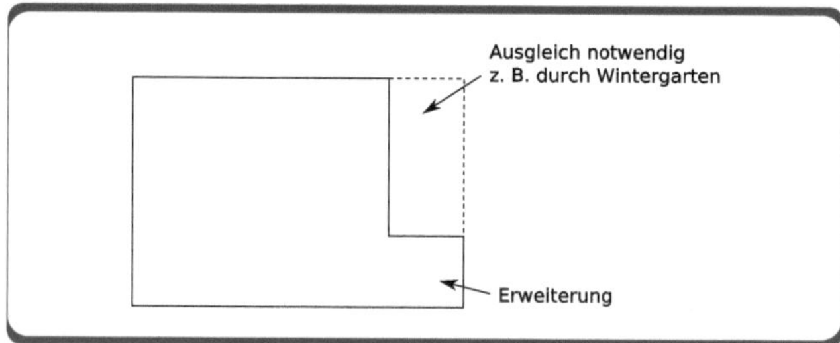

Der Ausgleich der fehlenden Fläche mit einem Wintergarten ist aber hauptsächlich im Norden und im Osten zu empfehlen. Im

Süden oder Westen sollte eine stabilere und geschlossenere Grundrisskorrektur erfolgen.

5.3. Funktionsbereiche des Hauses

Ein Haus hat für gewöhnlich mehrere verschieden genutzte Räumlichkeiten zum Schlafen, Essen, Kochen, etc. Auch für jeden einzelnen Raum gelten die Gesetze analog. Der Nordosten, der Norden, der Osten jedes Zimmers sollte daher möglichst leicht und offen gehalten werden. Schwere Möbel und Schränke sind im Südwesten, Süden oder Westen aufzustellen.

Zur Stärkung des Feuerelementes im Südosten sollten sie unbedingt Kerzen, einen Kamin oder elektrische Geräte einsetzen, dies stärkt sozusagen die Vitalität des Raumes und somit seiner Bewohner. Natur-, Landschafts- oder Wasserbilder im Norden fördern Gesundheit und Reichtum. Ebenso die Farbe Grün.

Licht, blühende Pflanzen oder leuchtende Farben im Osten sorgen für Vitalität und Willensstärke der Bewohner. Auch Türen und Fenster sind am besten positioniert im Nordosten oder den anderen positiven Bereichen des jeweiligen Raumes, also im Westnordwesten oder Südsüdosten des Raumes.

5.3.1. Bad und Toilette

Die Toilette

Der Standort der Toilette gehört zu den wichtigsten und einflussreichsten Aspekten des Energiefeldes des Wohnraumes. Zu vermeiden ist der Nordostquadrant und der Südwestquadrant. Eine Toilette hier ergibt die gleichen Vastudefekte, vor allem Armut und chronische Krankheiten. Der einzige Unterschied: Im Südwesten dauert es viel länger, bis diese negativen Aspekte zur Wirkung kommen. Das Endergebnis jedoch ist früher oder später das Gleiche.

Durch eine Toilette im Nordosten wird das dort vorherrschende feinstoffliche Energiefeld verschmutzt und wirkt negativ auf die Bewohner ein. Im Südwesten herrscht, wie wir wissen, das Element Erde. Es steht für Schwere und Dichte. Vertiefungen und Abflüsse - und seien es nur die einer Toilette - sind daher zu vermeiden. Hinzu kommt: die feinstofflichen, ätherischen Aspekte, die auch bei einer menschlichen Ausscheidung vorhanden sind, können hier nur schlecht abgebaut werden. Es ist daher nur eine Frage der Zeit, bis eine Toilette im Südwesten das gesamte Lebensenergiefeld einer Wohnung negativ tangiert.

Gut liegt die Toilette im Nordwesten und Südosten. Die Elemente Luft und Feuer bauen hier die negativen Schwingungen einer Toilette schnell und nachhaltig ab. Der Westnordwesten ist mit Abstand die beste Wahl für den Standort einer Toilette. Früher war es in Indien aufgrund der Problematik einer Toilette üblich, diese außerhalb des Hauses zu bauen. Dies scheidet heute aber aus praktischen Erwägungen aus. So müssen Kompromisse gefunden werden, der Südosten ist ein solcher. Auch eingeschränkt und mit Vorsicht zu genießen sind der Westen und der Süden. Keinesfalls aber sollten Norden, Nordosten oder Osten mit einer Toilette versehen werden.

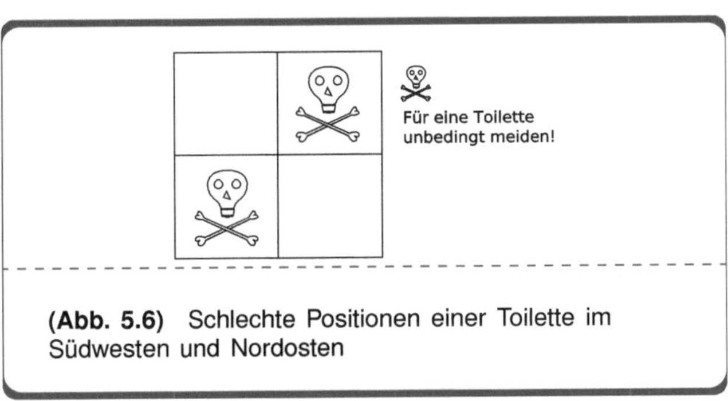

(Abb. 5.6) Schlechte Positionen einer Toilette im Südwesten und Nordosten

Das Bad

Ein Bad ohne Toilette kann durchaus im Osten oder Norden liegen. Im Osten sorgen die frischen vitalisiernden Energien des Morgens sogar für eine gehobene Stimmung der Benutzer. Jedoch wird aus bau- und kostentechnischen Gründen eine solche Ideallösung vielfach ausscheiden. Wiederum aber gilt es auch hier, den Nordosten als Badezimmer tunlichst zu meiden. Dies führt unweigerlich zu Karriereproblemen, Isolation und Unbeliebtheit in der Öffentlichkeit. Wer also ohnehin schon pensioniert ist und keinen weiteren gesellschaftlichen Erfolg anstrebt, dem bleibt es unbenommen, sein Bad in den Nordosten zu verlegen. Ideal allerdings ist diese Positionierung nicht.

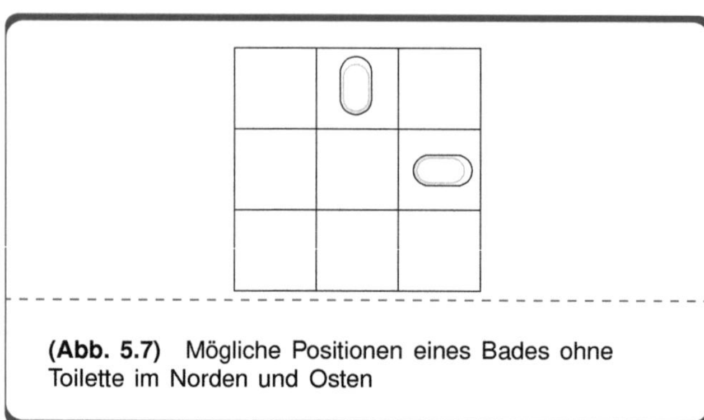

(Abb. 5.7) Mögliche Positionen eines Bades ohne Toilette im Norden und Osten

Das ideale Badezimmer

- Waschbecken, Dusche oder Badewanne sollten im Norden, Osten oder Nordosten liegen.
- WC-Schüssel an der Südwand mit Blick nach Norden. Vermeiden sollte man ein WC mit Blick nach Westen oder Osten, dies gilt als ungünstig.
- Waschmaschine oder Heißwasserzubereitung in den Südosten.
- Helle, angenehme Wand- und Bodenfarben wie Himmelblau oder Weiß. Keinesfalls Schwarz oder Rot.
- Eingangstür zum Bad darf sich nicht gegenüber der Eingangstür zum Haus befinden.
- Spiegel im Norden oder Osten anbringen.
- Wäschekorb für schmutzige Wäsche in den Nordwesten.

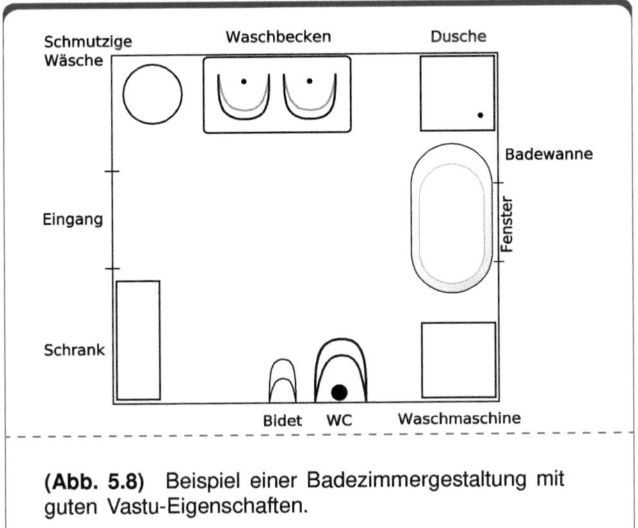

(Abb. 5.8) Beispiel einer Badezimmergestaltung mit guten Vastu-Eigenschaften.

5.3.2. Treppenhaus

Ein Treppenhaus im Nordosten ist äußerst ungünstig. Durch seine Schwere stört es die hier einfließenden leichten und feinstofflichen Energien. Auch von der Nutzung des Südwestens als Treppenhaus rate ich, im Gegensatz zu manch anderen Vastu-Experten, ab. Hier herrscht zwar das Element Erde, alles Schwere hat von daher hier seinen Platz. Jedoch nicht das Treppenhaus. Vom ersten Stock aus betrachtet wirkt ein Treppenhaus wie ein Abgrund bzw. eine Vertiefung und stört damit das Energieniveau des gesamten Stockwerkes.

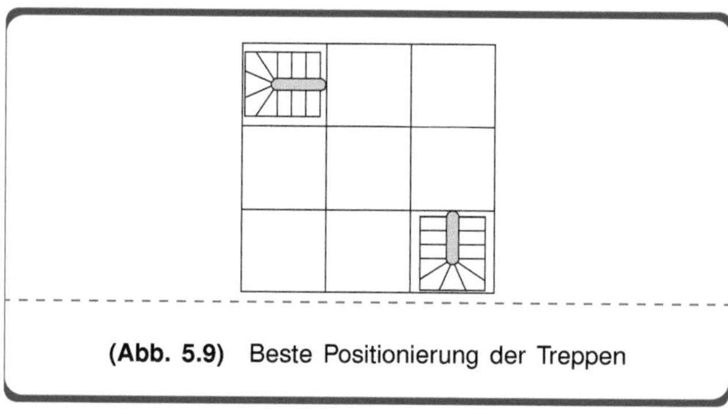

(Abb. 5.9) Beste Positionierung der Treppen

Schwere Treppen aus Stein oder Beton werden am besten im Nordwesten oder Südosten errichtet. Treppen aus leichten Materialien können im Norden, Westen, Süden oder Osten errichtet werden. Die Haupthimmelsrichtungen sind dank ihrem Nullpotential neutral. Die unruhigen Energien des Treppenhauses werden dadurch ins Gleichgewicht gebracht. Wichtig dabei, wir sollten im ersten Stock immer in Blickrichtung Osten oder Norden ankommen.

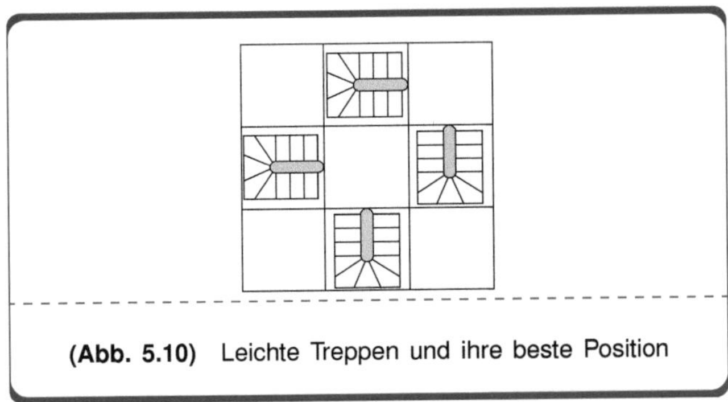

(**Abb. 5.10**) Leichte Treppen und ihre beste Position

5.3.3. Die Küche

Die Lage der Küche ist von entscheidender Bedeutung. Der Nordosten ist der schlechtestmögliche Platz für eine Küche. Eine Küche dort stört durch ihre Wärmeentwicklung (Kochen) das Energiefeld der Wohnung empfindlich. Die Folgen für die Bewohner sind je nach Geschlecht unterschiedlich. Männer werden aggressiv, Frauen krank mit häufigen Arztbesuchen und Operationen. Die von manchen Vastuexperten aufgestellte These, dass eine rein vegetarisch geführte Küche dieses negative Energiefeld nicht generieren würde, halte ich für völlig falsch. Sie widerspricht auch meinen Erfahrungen. Beim Vastu handelt sich es um die Erforschung des Lebensenrgiefeldes eines Wohnraumes. Also, man kann es nicht oft genug sagen, um eine empirisch arbeitende (Grenz-)Wissenschaft. Der Fluss dieser Energie ist nur gewährleistet, wenn der Nordosten kühler ist als der Südosten und auch der Südwesten. Vegetarische Ernährung hilft hier herzlich wenig. Nur eine gelegentliche bis seltene Nutzung der Küche würde hier das Problem beseitigen.

Natürlich ist es so, dass eine rein vegetarische Ernährung den Organismus nicht nur reinigt sondern auch häufig schwächt. Das Potential eines aggressiven Mannes kann also, wenigstens theoretisch, durch Gemüse und Obst ausgeschaltet werden. Dies ändert aber nichts am negativen Vastu-Energiefeld einer Küche im Nordosten.

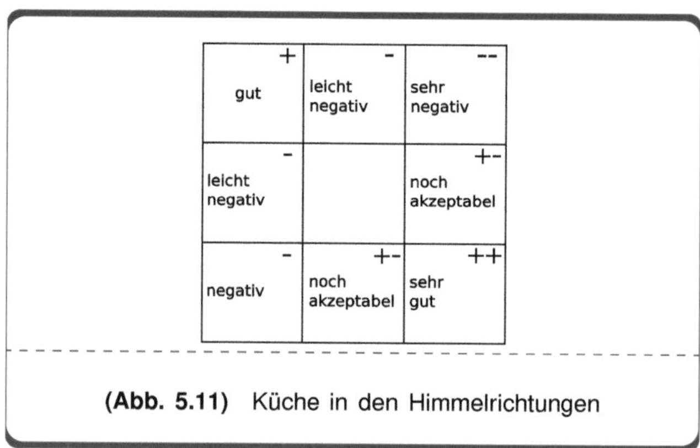

+ gut	- leicht negativ	-- sehr negativ
- leicht negativ		+- noch akzeptabel
- negativ	+- noch akzeptabel	++ sehr gut

(Abb. 5.11)   Küche in den Himmelrichtungen

Im Südosten herrscht das Element Feuer, hier sollte eine Küche geplant werden. Die zweitbeste Position liegt im Nordwesten. Das

Element Luft sorgt hier ebenfalls dafür, dass die Nahrung bekömmlich wird. Allerdings ist die Lage im Nordwesten dennoch schon ein leichter Vastu-Defekt. Das Element Luft sorgt zwar für viele Gäste und Kommunikation, mit der Folge, dass die Ausgaben die Einnahmen der Bewohner übersteigen können. Vorsicht ist also geboten. Eine weitere mögliche Anordnung der Küche liegt im Süden oder Osten.

Bei einem Neubau sollte die Küche daher unbedingt in den Südosten gelegt werden. Auf die Hilfsmöglichkeiten bei Defekten in bestehenden Wohnungen kommen wir später zu sprechen.

Die ideal eingerichtete Küche

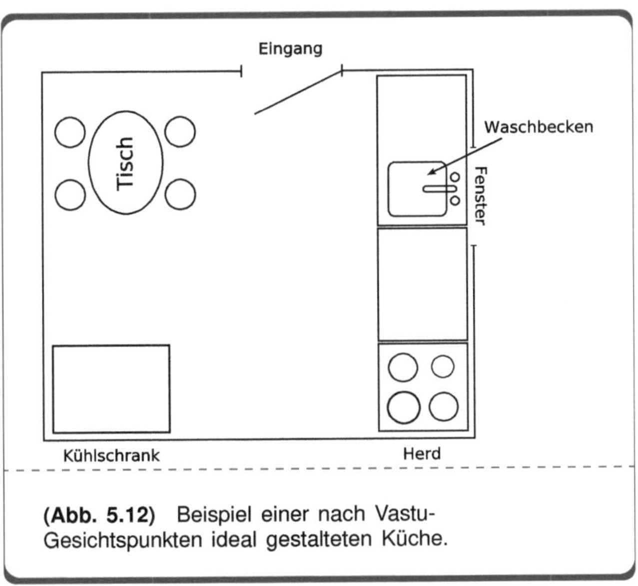

(**Abb. 5.12**) Beispiel einer nach Vastu-Gesichtspunkten ideal gestalteten Küche.

Eine Küche ist – wie jeder Wohnraum – ein Vastu-Energiefeld für sich. Ein Herd sollte daher im Südosten (Element Feuer) der Küche stehen. Dies unterstützt die energetisch hochwertige Zubereitung der Nahrung. Außerdem vitalisiert diese Positionierung das gesamte Energiefeld des Hauses. Der zweitbeste Standplatz des Herdes liegt im Nordwesten (Element Luft). Das Spülbecken kann im Nordosten installiert werden. Der Kühlschrank liegt am besten im

Nordwesten oder im Südwesten, die Essecke im Nordwesten. Das Element Luft sorgt hier für die notwendige Kommunikation und gute Aufnahme der Nahrung. Eingang und Fenster sollten, wenn möglich, im Nordosten der Küche liegen. Die Skizze stellt den Idealfall dar. In der Praxis ist dies oftmals nicht möglich und es müssen dann vertretbare Kompromisse gefunden werden.

5.3.4. Das Schlafzimmer

Einen Großteil unserer Lebenszeit verbringen wir mit Schlafen. Die Lage und Einteilung des Schlafzimmers ist daher von äußerster Wichtigkeit. Die beste Lage ist im Südwesten. Das Element Erde sorgt hier für die nötige Entspannung und Regeneration. Der Südosten dagegen, dem Feuerelement unterstehend, sorgt für schlechte Träume und unruhigen Schlaf, fiebrige Infektionen, schlechte Laune, übereilte Entscheidungen.

Schlafzimmer im Nordosten gelten als negativ. Mögliche Folgen: keine Karriere, kein Nachwuchs, manchmal auch fehlender männlicher Nachwuchs, die geistige Entwicklung schläft ein.

Schlafzimmer im Westen: insgesamt eine recht günstige Lösung.

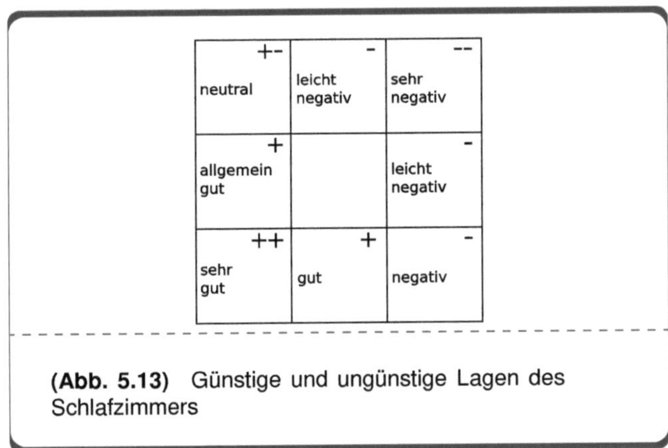

+-	-	--
neutral	leicht negativ	sehr negativ
+ allgemein gut		**-** leicht negativ
++ sehr gut	**+** gut	**-** negativ

(Abb. 5.13) Günstige und ungünstige Lagen des Schlafzimmers

Das perfekte Schlafzimmer

- Lage der Tür in den starken Bereichen: Nordosten, Westnordwesten, Südsüdosten.
- Die Südwestecke ist der richtige Platz für Schränke.
- Bett an die West- oder Südwand stellen.
- Spiegel in den Norden oder Osten. Der Spiegel sollte aber keinesfalls gegenüber dem Bett stehen, dies führt zu Energieverlust beim Schlaf.

- Elektrische Geräte wie Fernseher und Telefon idealerweise in die Südostecke. Da sie üblicherweise im Schlafzimmer nicht sehr viel benutzt werden, sind auch andere Richtungen möglich.

- Der Kopf sollte beim Schlaf in Richtung Süden liegen. Dies ist günstig für die Gesundheit.

- Zimmerdecke darf keinerlei Schrägen aufweisen.

- Farben: helles Rosa, helles Blau, helles Grün.

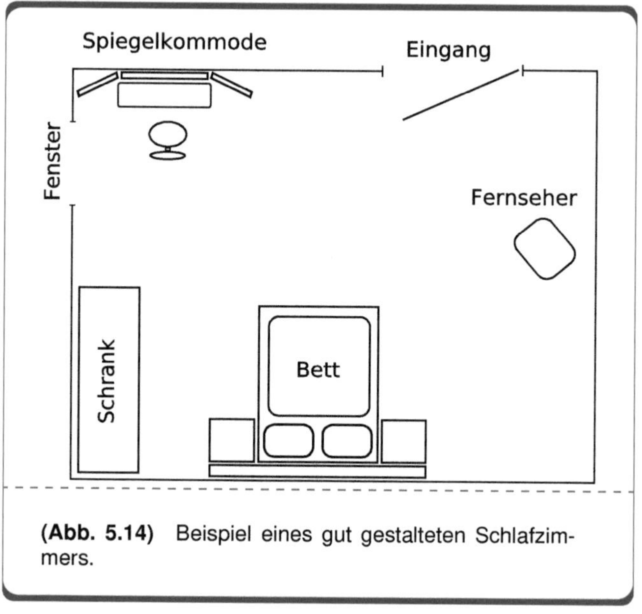

(Abb. 5.14) Beispiel eines gut gestalteten Schlafzimmers.

5.3.5. Das Kinderzimmer

Das Kinderzimmer sollte sich unter keinen Umständen im Südwesten befinden. Der Südwesten sollte als Schlafplatz unbedingt den Eltern vorbehalten bleiben! Ein Kinderzimmer hier schafft aufmüpfige, freche Kinder, die nach Dominanz streben. Das Element Erde, bekanntlich im Südwesten vorherrschend, gibt ihnen das dazu nötige Beharrungsvermögen. Gute Himmelsrichtungen für männliche Kinder sind der Westen und Nordwesten, für Mädchen der Süden und sogar der Südosten. Allgemein reagieren Kinder nicht so empfindlich auf das Vastu-Energiefeld wie Erwachsene. Sie schlafen tief und fest, auch im Norden und Osten.

Für den männlichen Nachwuchs ist der Südosten ungünstig. Bei einem Zimmer hier können die Ziele und Hoffnungen des Jungen sich unter Umständen nicht erfüllen. Es kommt gerne zu Ausbildungsabbrüchen, aber auch zu psychischen Problemen. Im Nordosten sollte nach Möglichkeit kein Kinderzimmer geplant werden. Die geistige Entwicklung des Nachwuchses wird hier unter ungünstigen Umständen blockiert.

Die Farbe des Kinderzimmers kann gemäß den Vorlieben des Kindes gewählt werden.

Das ideale Kinderzimmer

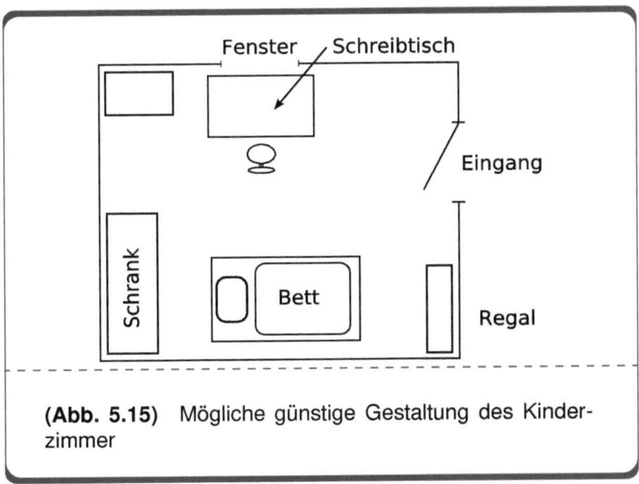

(Abb. 5.15) Mögliche günstige Gestaltung des Kinderzimmer

- Ist das Kind gesund, kann es mit dem Kopf in Richtung Westen schlafen. Dies fördert den schulischen Erfolg.
- Oft kränkelnde Kinder sollten mit dem Kopf in Richtung Süden schlafen.
- Für Mädchen steht das Bett am besten im Süden des Zimmers, für Jungs im Westen.
- Der Schreibtisch sollte so stehen, dass das Kind entweder nach Norden oder Osten blickt. Dies fördert die Konzentration und den schulischen Erfolg!

5.3.6. Wohnzimmer

Das Wohnzimmer ist einer der flexibelsten Bereiche im Vastu und kann in jeder Himmelsrichtung geplant werden. Dies gilt ohne Einschränkungen.

Allgemeine Aspekte:

- Türen und Fenster sollten in den positiven Bereichen liegen.
- Schwere Möbel am besten in den Südwesten.
- Fernseher in den Südosten oder Nordwesten.
- Bücherwände zählen nicht nach ihrem Gewicht, sondern ihrem geistigen Potential. Sie können daher auch im Osten oder Norden angebracht werden. Der Nordosten sollte allerdings frei bleiben.
- Ein Aquarium oder Springbrunnen im Nordosten beeinflusst das Energiefeld sehr vorteilhaft.
- Farben fürs Wohnzimmer: Orange, Grün, Weiß, Gelb, Azurblau

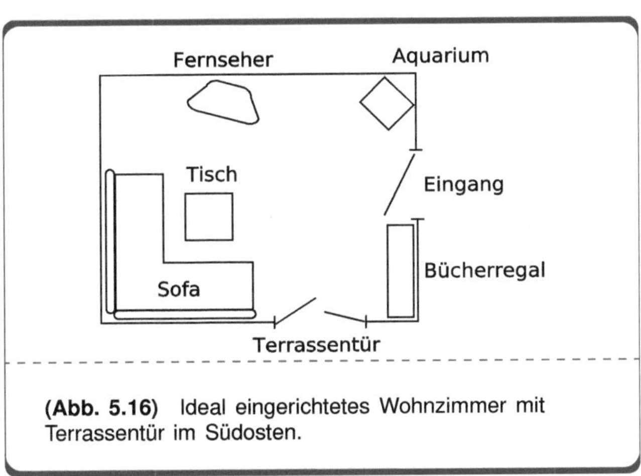

(Abb. 5.16) Ideal eingerichtetes Wohnzimmer mit Terrassentür im Südosten.

5.3.7. Esszimmer

Esszimmer sind heute leider nicht mehr so verbreitet. Im Vastu gilt es als ungünstig, in der Küche zu essen. Die hitzigen Energien dort stören bei der Nahrungsaufnahme, die in einer ruhigen, entspannten Atmosphäre erfolgen sollte.

Die beste Position für das Esszimmer liegt im Westen. Hier sorgt der Saturneinfluss für die nötige Ruhe und Entspannung, um das Essen genießen zu können. Sollte kein eigenes Zimmer vorhanden sein, ist der Esstisch am Besten im Westen des Wohnzimmers aufgehoben. Alternative Standorte für das Esszimmer sind der Süden und der Osten. Gleiches gilt natürlich für den Esstisch im Esszimmer. Empfohlene Farben: Gelb, Himmelblau, Safrangelb, Hellgrün, also eher beruhigende Farben, da sie die Verdauung fördern.

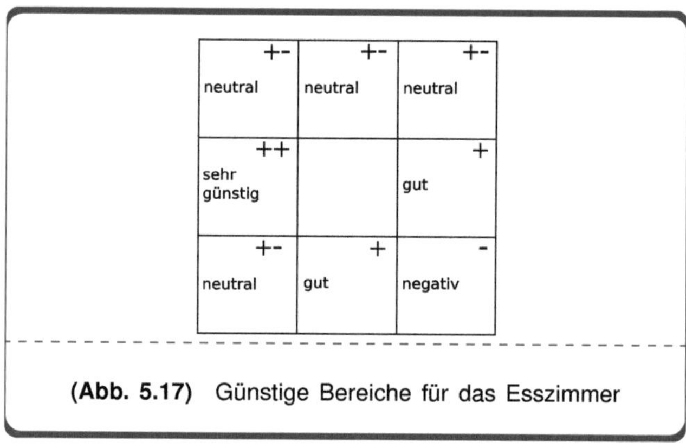

(Abb. 5.17) Günstige Bereiche für das Esszimmer

Runde Tische gelten im Vastu - im Gegensatz zum Feng Shui - als ungünstig. Beim Essen sollte man in Richtung Osten oder Norden blicken. Der Blick nach Osten fördert dabei die Langlebigkeit, der nach Westen sorgt für Wohlstand. Früchte symbolisieren Fülle. Eine Obstschale auf dem Tisch oder ein Bild mit Früchten an der Wand unterstützt die positive Wirkung der Farben.

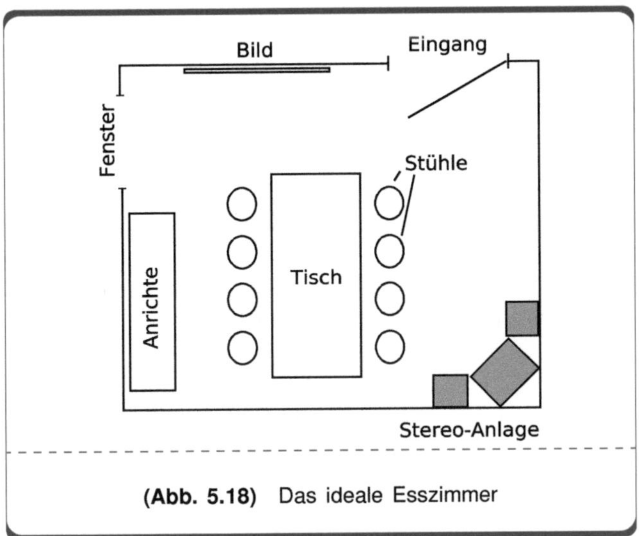

(Abb. 5.18)   Das ideale Esszimmer

5.3.8. Arbeitszimmer

Die Lage des Arbeitszimmers unterliegt im Vastu keinerlei Restriktionen. Als besonders günstig gilt ein Arbeitszimmer im Westen. Es fördert gute Ideen. Ein weiterer guter Standort des Arbeitszimmers liegt im Nordwesten. Hier fördert ein Büro gute Geschäftsabschlüsse. Alle anderen Bereiche sind als neutral zu werten. Manche Vastuexperten schätzen allerdings den Südosten besonders hoch ein, die dynamischen Energien dort und die Vorherrschaft des Planeten Venus gelten als Erfolgsgarant schlechthin.

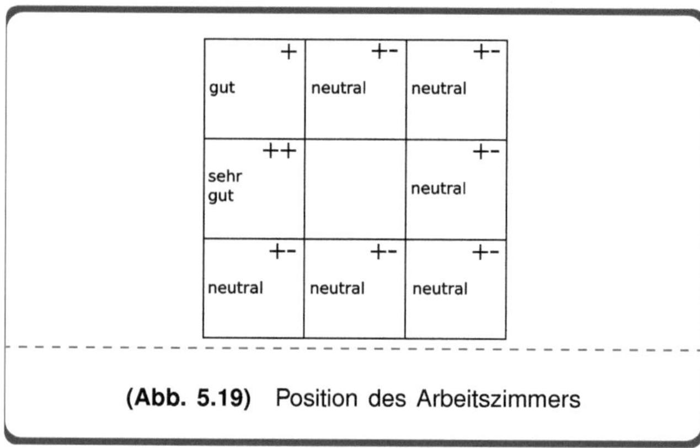

(Abb. 5.19)   Position des Arbeitszimmers

Farben: Grün wirkt hier intellektuell stimulierend, helles Orange fördert die Kreativität.

Alte Unterlagen gehören in den Südwesten. Aktuelle Buchführung und Auftragsbuch bei geschäftlicher Tätigkeit werden am besten im Nordwesten untergebracht. Der Computer sollte, wenn möglich, im Südosten stehen, dort stärkt er das Feuerelement und vitalisiert den ganzen Arbeitsbereich. Ein Springbrunnen im Nordosten des Raumes trägt zu einer angenehmen Atmosphäre wesentlich bei. Die Blickrichtung Osten oder Norden ist wichtig. Sie verhilft den Menschen zu besserer Konzentration und Gedächtnisleistung.

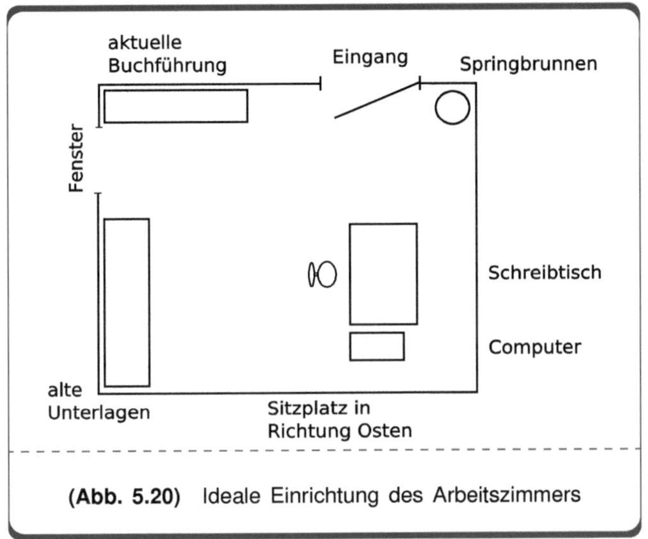

(Abb. 5.20)   Ideale Einrichtung des Arbeitszimmers

5.3.9. Spezialfälle

Wohnungen und Appartements

Leider ist es in Deutschland finanziell oft schwierig bis gar unmöglich, sich ein eigenes Haus zu bauen. So bleibt oft nur der Weg in die Miet- oder Eigentumswohnung. Immer mehr Menschen ziehen auch das Singledasein dem Familienleben oder der Ehe vor. Der Bedarf an Ein- und Zweizimmerappartements ist daher hoch.

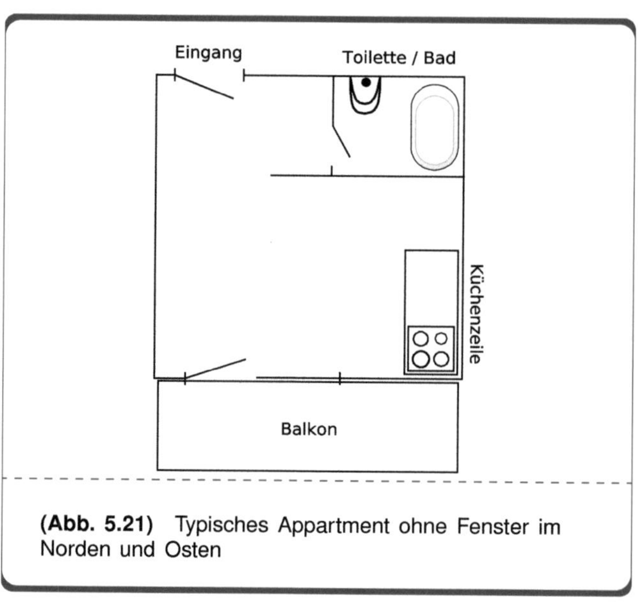

(Abb. 5.21) Typisches Appartment ohne Fenster im Norden und Osten

Diese Wohnungen sind oft nur nach Süden ausgerichtet, um dem wärmenden Sonnenlicht Einlass zu gewähren und möglichst viel Heizkosten zu sparen. Unter den feinstofflichen Gesichtspunkten und energetischen Regeln des Vastu ist dies ungünstig. Wohnungen mit im Norden und Osten geschlossen Wänden ohne jegliche Fensteröffnungen sind bei uns keine Seltenheit. Dies blockiert aber die Energien dieser Sektoren.

Ein Blick zurück in unsere Geschichte zeigt, dass unsere Vorfahren nicht immer so instinktlos waren wie wir heute. Jeder alte oberbayerische Bauernhof ist gemäß jahrhunderte, wenn nicht gar jahrtausende altem Brauch gebaut und generiert ein positives Vastu-Energiefeld. Unsere Vorfahren ignorierten trotz des kalten Klimas die Vorzüge des grobstofflichen Aspektes des Sonnenlichts. Statt nach Süden bauten sie Richtung Osten. Die Fensterflächen im Norden und Süden waren symmetrisch verteilt, dies schuf ein ausgeglichenes Vastu-Energiefeld. Fenster im Osten, Süden, Norden und keine Fenster im Westen, so präsentiert sich der klassische oberbayerische Bauernhof. Diese Konstellation soll, davon ist das Vastu überzeugt, besonders gut für materielles Glück und ideellen Reichtum sorgen.

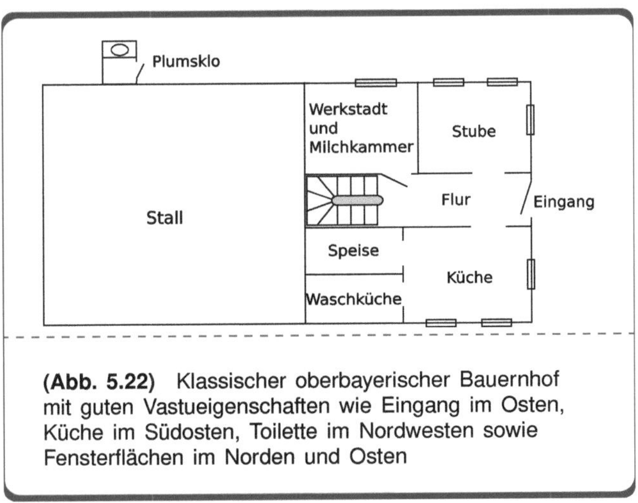

(Abb. 5.22) Klassischer oberbayerischer Bauernhof mit guten Vastueigenschaften wie Eingang im Osten, Küche im Südosten, Toilette im Nordwesten sowie Fensterflächen im Norden und Osten

Im Westen schlossen Stall und Scheune an. Daher findet man an der Westwand des Hauses keine Fenster. Der Eingang im Osten, verbunden mit den vielen Fensterflächen, schuf so ein überwiegend positives Energiefeld, das für Wohlstand und Vitaltität seiner Bewohner sorgte. Gerade in einem Zeitalter, das die Zentralheizung nicht kannte, wurde Wert darauf gelegt, dass die wenig wärmenden Strahlen der Morgensonne ins Haus eintreten konnten. Jene Strahlen also, denen die indische Überlieferung höchste feinstofflich-energetische Wertigkeit zuerkennt.

Auch die kalten, nährenden Energien des Nordens erhielten durch Fensterflächen die Möglichkeit, in den Wohnraum einzudringen. Wir wissen aus der Vastuforschung, dass gerade die kühlen, magnetischen Kräfte des Nordens wichtig für Gesundheit und Reichtum der Bewohner sind. Geschlossenene Wände hier oder fehlende Flächen erzeugen Mangel und Energieschwäche. Von Wohnungen ohne Fensterflächen im Norden und Osten ist aus der Sicht des Vastu daher dringenst abzuraten.

Nicht empfehlenswert sind auch Wohnungen mit einem Fehlbereich im Nordosten. Auch sie führen zu finanziellen Problemen und Energiemangel.

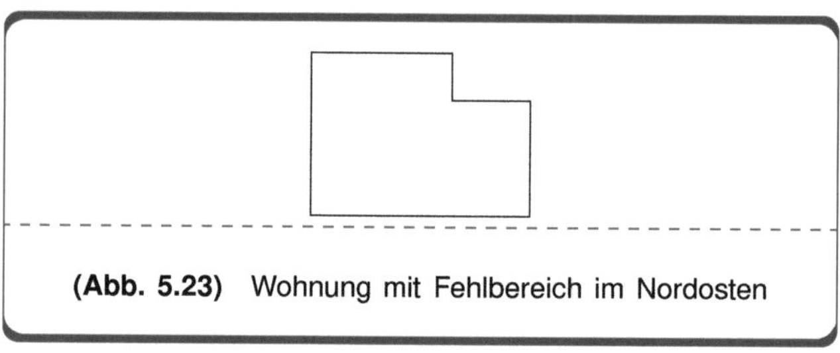

(Abb. 5.23) Wohnung mit Fehlbereich im Nordosten

Fehlbereiche im Südwesten bilden dagegen keinen schweren Vastudefekt und können normalerweise toleriert werden. Allerdings ist diese These umstritten. Im Zweifel ist es sicher günstiger, ein Haus ohne Fehlbereich im Südwesten zu planen und zu bauen. Oder – falls der Mangel bereits besteht – korrigierend einzugreifen.

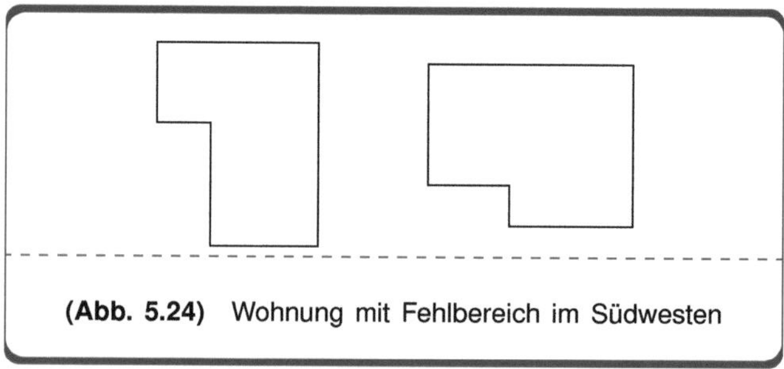

(Abb. 5.24) Wohnung mit Fehlbereich im Südwesten

Die Erdgeschosswohnung

Wohnungen im Erdgeschoss unterliegen besonderen Regeln. Hier wirkt auch das Energiefeld der Umgebung ein. Die Eingangstür zum gesamten Wohnkomplex ist ebenso zu beachten wie die zur eigentlichen Wohnung. Befindet sich, aus welchen Gründen auch immer, eine Wasserfläche im Südwesten, so wirkt sich das fast ausschließlich auf die Bewohner des Erdgeschosses aus.

Hinzu kommt, dass Wohnungen im Parterre gern unter dem leiden, was die Chinesen Ying-Energie nennen. Die Lebensenergie stagniert hier gerne durch die drückende Last der Stockwerke darüber. Spukphänomene sind dort keine Seltenheit. Viele Frauen wissen das instinktiv und meiden Erdgeschosswohnungen.

Völlig abzuraten ist auch von Kellerwohnungen. Sie erzeugen in den meisten Fällen kein gutes Energiefeld.

Treppenhaus und Aufzug

Ein weiterer schwerer Vastu-Defekt in einem großen Wohnblock kann durch die Lage des Treppenhauses oder des Lifts entstehen.

Nehmen wir an, unsere Wohnung hat einen Eingang im Nordosten, so bedeutet das gemäß dem bisher Gesagten ein gutes Energieniveau für die Bewohner. Dies gilt jedoch nur, wenn kein Treppenhaus oder Aufzug vor dem Eingang liegt. Treppe oder Lift haben in unten skizziertem Beispiel den selben Effekt, als würde der Eingang nicht im Nordosten sondern im negativen Nordwesten liegen.

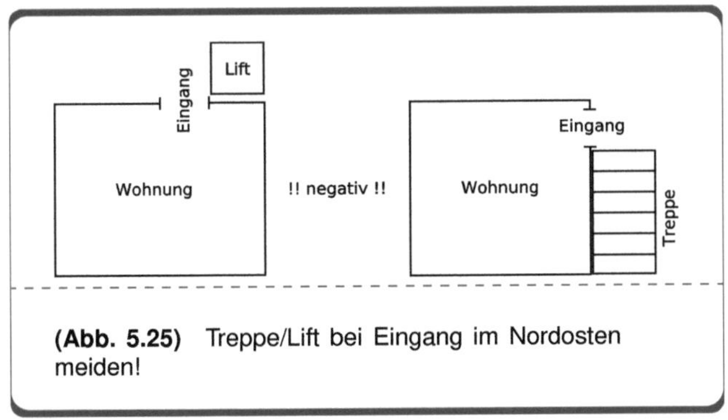

(Abb. 5.25) Treppe/Lift bei Eingang im Nordosten meiden!

Diagonalhaus

Viele Wohnungen und auch Häuser sind zudem nicht an den Haupthimmelsrichtungen ausgerichtet. Dies bedeutet beim Diagonalhaus die stärkste Schwächung des Vastu-Energiefelds. Hier weicht die Bebauung um 45° von der Nordachse ab.

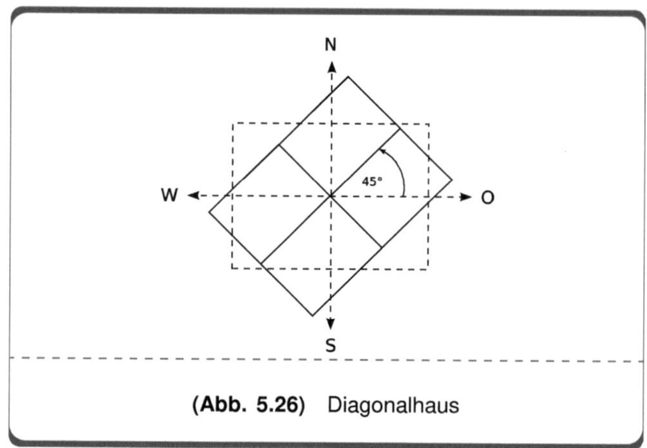

(Abb. 5.26)   Diagonalhaus

Trotz der Schwächung des Energiefeldes kann es sich darin leben lassen, wenn wir ansonsten die Gesetze des Vastu akribisch befolgen. Die Küche sollte dabei unbedingt im Südosten liegen. Besonders wichtig ist es hier, den Nordosten, den Osten und den Norden von allen negativen Aspekten frei zu halten.

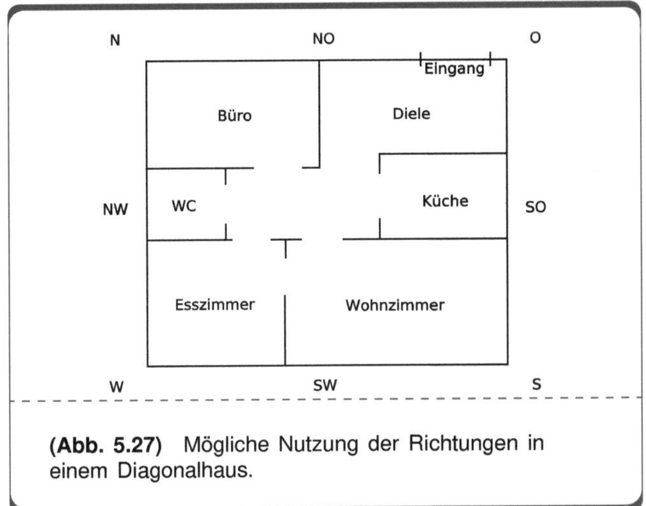

(Abb. 5.27)   Mögliche Nutzung der Richtungen in einem Diagonalhaus.

Wenn sie wissen wollen, ob ihr Haus oder ihre Wohnung parallel zur Nord-Süd-Achse ausgerichtet ist oder ob und wie weit ihr Haus abweicht, dann stellen sie sich bitte mit einem Kompass in die Mitte ihres Hauses. Die Kompassnadel zeigt ihnen dann, ob und wie weit ihr Haus abweicht.

6. Korrekturmöglichkeiten

Jeder, der sich mit Vastu beschäftigt und die segensreiche Wirkung dieser Lehre erkennt, wird sich, falls es die finanziellen Mittel erlauben, früher oder später ein eigenes Haus bauen. Korrekturen an bestehenden Bausünden sind immer nur ein Stückwerk, die nicht in allen Fällen ein allseits befriedigendes, harmonisches Ergebnis erbringen. Dennoch gilt: Bauliche Korrekturen verbessern das Energiefeld des Wohnraums erheblich. Wo vorher Dissonanzen herrschten ziehen nun Glück und Erfolg ein.

Bauliche Veränderungen an Gebäuden sind eine gute Möglichkeit, um bestehende Fehler zu beseitigen. In der indischen Tradition werden Yantras, Düften, Farben und Edelsteinen korrigierende Wirkungen zugeschrieben, ebenso bestimmten Reinigungs-Zeremonien.

Meine Erfahrungen mit diesen Methoden sind überwiegend positiv! Dies ist auch nicht weiter verwunderlich. Alles was existiert besteht aus Schwingungen und hat eine bestimmte Frequenz. Edelsteine, Yantras etc. löschen mit ihrer spezifischen Frequenz die negativen Schwingungen eines gestörten Vastuenergiefeldes. Dennoch stellen sich in seltenen Fällen die Erfolge nur langsam und zögerlich ein. Hier empfiehlt sich zusätzlich der Einsatz von Pyramiden. Doch dazu später mehr im Kapitel 6.3.

Bei all den guten Erfahrungen, die neben mir auch viele andere Vastu-Berater mit den im Folgenden beschriebenen Methoden gemacht haben, sollte man nicht leichtsinnig werden. Bitte konsultieren sie bei Gesundheitsproblemen immer einen Arzt. Das Vastu sieht zwar einen feinstofflichen Zusammenhang zwischen dem Energiefeld der Wohnung und dem Energiefeld des Körpers. Doch nur Yoga zu praktizieren oder Vastukorrekturen vorzunehmen um die Gesundheit zu erhalten oder wieder herzustellen wäre grob fahrlässig. In der indischen Tradition empfehlen Ärzte oft zu Ergänzung ihrer Therapie die Konsultation eines Vastuexperten und natürlich die Einstellung auf die göttlichen Energien durch Gebet und Meditation. In diesem Sinne rate ich ausdrücklich dazu, einen

Arzt zu besuchen.

6.1. Beispiel einer baulichen Korrektur

Viele Möglichkeiten, wie beispielsweise die Verlegung des Haupteingangs, wurden bereits in den vorhergehenden Kapiteln besprochen und müssen hier nicht mehr erwähnt werden. Es gibt eine Unzahl von Möglichkeiten falsch zu bauen. Einer der gravierendsten ist in Abbildung 6.1 skizziert.

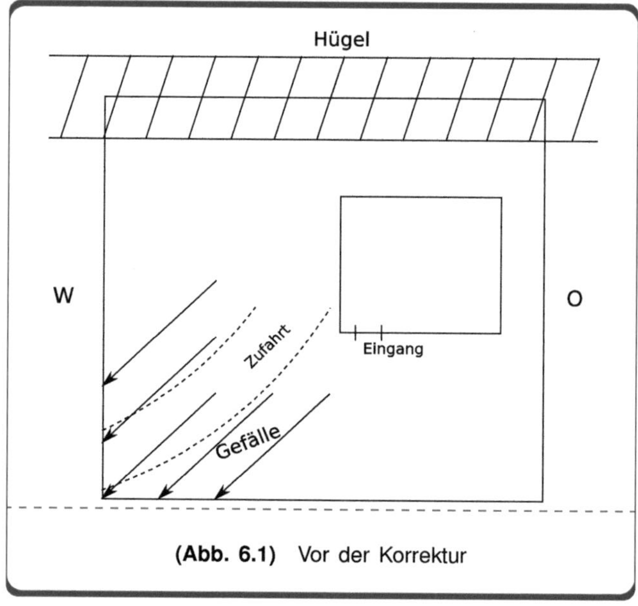

(Abb. 6.1)   Vor der Korrektur

Diese Konstellation gilt im Vastu als höchst ungünstig. Im Norden und Nordosten befindet sich eine Erhebung. Das Haus ist in die Nordostecke des Grundstücks gesetzt. Der Eingang befindet sich in einem negativen Teil. Was also tun um Negatives zu vermeiden? Das klassische Vastu empfiehlt hier den Grundstückszukauf im Nordosten und eine Abtrennung im Südwesten, außerdem umfangreiche Erdbewegungen: Abtragen des Hügels im Norden und Nordosten. Methoden, die viel Geld kosten und bei der Dichte der Bebauung in Deutschland oftmals utopisch sind. Ich will von dieser klassischen Methode sicher nicht abraten. Wer es sich leisten kann und leisten will, schafft dadurch wirklich ein gutes Energieniveau.

Eine leichter umzusetzende Lösung ist unten skizziert (Abb. 6.2 auf der nächsten Seite). Im Südwesten bringen wir eine Plattform aus Materialien wie Beton oder Holz an. Dadurch wird das Gefälle entschärft. Natürlich kann diese Fläche dann auch als Terrasse genutzt werden, sie sollte ungefähr ein Fünftel der Hausfläche betragen. Dahinter wäre es sehr gut, einen Steingarten mit hohen Felsen zu platzieren oder anderweitig für Erhebungen (Erdhügel) zu sorgen. Das Erdelement wird dadurch im Südwesten vortrefflich gestärkt, sodass Harmonie, Stabilität und Ausgeglichenheit bei den Bewohnern einkehren können. Auch Durchsetzungskraft und die Fähigkeit der Realisierung von Vorhaben sind Charaktereigenschaften, die durch das empfohlene Arrangement bei den Bewohnern bestens gefördert werden. Gerade wer vorher viel mit Unfällen und Missgeschicken zu kämpfen hatte wird nun erfreuliche Veränderungen erfahren. Für weniger Sonnenhungrige kann natürlich statt eines Steingartens auch ein herrlicher Baum gepflanzt werden. Eine Blutbuche mit ihren schönen, dunkelroten Blättern eignet sich hierfür besonders. Ihre energetische Ausstrahlung wirkt äußerst harmonisierend auf die Feldstruktur des Südwestens ein. Die kräftige Wirkung der roten Farbe ist ein probates, schon in den großen Kulturbauten der Vorzeit (Menhire, Dolmen) angewandtes Mittel, um das Energieniveau gerade im dunklen, schattigen Terrain des Todes anzuheben. Der Südwesten, im Vastu nicht umsonst der Todesgöttin *Kali* zugesprochen, ist ein solcher Bereich. Eine großflächige Pflanzung mit roten Rosen ist ebenso zur Unterstützung einer harmonischen Grundstücksgestaltung geeignet.

Auch für den vorher misgestalteten Nordosten gibt es eine praktikable Lösung. Vertiefungen und Wasser stärken ja besonders das positive Potential des Nordostens. Wegen der Enge des in diesem Beispiel vorgegebenen Freiraums kombinieren wir daher am besten beide Methoden. Wiederum sollte ungefähr ein Fünftel, besser noch ein Viertel der Fläche des Hauses im betroffenen Sektor freigeschaufelt und leicht vertieft werden. Jede kleine Nuance wirkt sich hier bereits vorteilhaft aus, 10 cm sind gut, 20 cm als Vertiefung sind besser, ideal wäre bereits eine Tiefe von 50 cm. Damit kann ein recht passables Vastu-Energiefeld erzeugt werden, vor allem wenn wir die architektonische Umgestaltung des Gartens durch Wasser unterstützen. Ein kleiner Teich hier, möglichst mit einer Fontäne versehen, erzielt wirklich eine sehr gute Wirkung. Mattheit, Antriebsschwäche, Schüchternheit, zurückgezogene fast einsiedlerische Lebensart, all dies typische Folgen eines blockierten Nordostens, werden verschwinden. Stattdessen wird die Widerstandskraft gesteigert, Wohlstand und sicheres Auftreten werden die positiven Veränderungen für die Bewohner sein, wenn das unten empfohlene Konzept umgesetzt wird. Dies ist die These des Vastu. Ausprobieren schadet nichts. Ich kenne reiche Familien, die nach Vastu gebaut haben. Ob ihr Reichtum daher kommt dass sie nach Vastu gebaut haben oder einfach nur ihr Glaube Berge versetzt hat, wer kann das wissen?

Wer nicht über die notwendigen finanziellen Mittel verfügt, der entstört einfach feinstofflich mit den klassischen Korrekturmitteln der ayurvedischen Tradition, den Yantras.

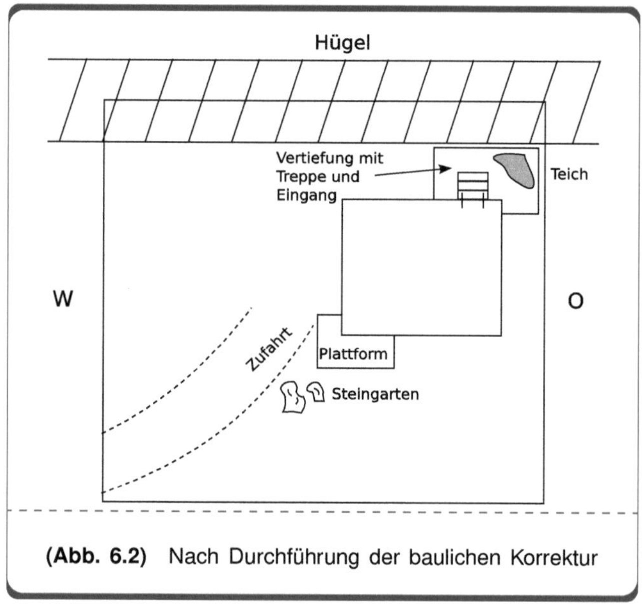

(Abb. 6.2) Nach Durchführung der baulichen Korrektur

6.2. Yantras

Im Vastu wird die sorgfältige Grundstückswahl und die bauliche Gestaltung des Wohnraums als beste Möglichkeit der Erzeugung eines guten Energieniveaus gesehen. Aufgrund der praktischen Erfahrung werden zur Korrektur aber auch dort, wo finanzielle Mittel fehlen oder anderweitige Gründe vorliegen, warum keine baulichen Maßnahmen erfolgen können, mit sehr viel Erfolg Yantras eingesetzt. Ich selbst kenne einen Vastuberater aus Bangalore, der ganze Firmenkomplexe nur mit Hilfe von Yantras und den Schwingungen von Heilpflanzen erfolgreich entstört. Die praktischen Erfolge können sich dabei sehen lassen und geben ihm recht. Yantras sind Schwingungsbilder mit einer langen Tradition. Wörtlich übersetzt bedeutet Yantra Werkzeug. Die indischen Mystiker setzen sie meist ein, um zu Bewußtseinszuständen jenseits der Endlichkeit zu gelangen. Anders formuliert sind Yantras geometrische oder numerologische Gebilde, die ein Tor zu den feinstofflichen Ebenen öffnen.

6.2.1. Das Shri-Yantra

Das bekannteste und energetisch mit wirkungsvollste ist dabei das Shri Yantra. Mehrere in mathematisch exakten Proportionen ineinander verwobene Dreiecke geben die Energien des Schöpfungsprozesses wieder. Die energetische Wirkung dieses Yantras wird von hellsichtigen als enorm bezeichnet, eine drei Zentimeter große Zeichnung des Shri-Yantras soll die gleiche Wirkung wie eine zwei Meter große Pyramide entfalten. Dieses Hellsehen der Energie eines Yantras ist dabei sicher keine Einbildung, die Effekte sind messbar! Die Herzschläge eines Probanden, der längere Zeit über ein Yantra meditiert, verdichten sich. Der Herzrhythmus erhöht sich um 5-15 Schläge pro Sekunde.

Eine besonders beeindruckende Darstellung der energetischen Wirksamkeit des Shri-Yantras gelang indischen Wissenschaftlern mit Hilfe eines Oszilloskops. Dies ist ein bekanntes elektronisches Messgerät. Mit Hilfe einer geeigneten Einstellung der x- und y-Amplitude des Elektronenstrahlers wurde das Yantra nachgebildet. Dies zeigt, dass diese Yantras ursprünglich Schwingungsbilder sind, denn auf einem Oszilloskop lassen sich letztendlich nur Schwingungsvorgänge abbilden. Yantras stellen nach indischer Auffassung die Urenergien des Universums sowohl spirituell als auch materiell dar. Eine Auffassung, die durch die moderne Messtechnik unterstützt wird (Quelle: M. Khanna, Yantra, London 1997)

Seit einigen Jahren kann man mit Hilfe moderner Computermodelle die Bewegungen der Planeten zueinander sehr einfach berechnen. Die Voraussagen des Astronomen Johannes Kepler wurden dadurch bestätigt. Das Universum kennt eine Sphärenharmonie, Planeten bilden miteinander durch den Verlauf ihrer Bahnen Yantras. Hexagramme, Pentagramme und andere wunderschöne Ordnungsstrukturen entstehen so am Himmel. Nachzulesen ist das Ganze in dem Buch von Hartmut Warm *Die Signatur der Sphären: Von der Ordnung im Sonnensystem, Hamburg 2001.* Die Abbildungen dort erinnern auf verblüffende Weise an die klassischen indischen Yantras.

Das Shri-Yantra wird auch als spirituelles Yantra bezeichnet. Spirituell deshalb weil es einer Gottheit, Lakshmi der Gemahlin Vishnus, zugeordnet ist. Vishnu ist in der hinduistischen Götterdreifaltigkeit der Schöpfergott, seine Gemahlin die Göttin des Wohlstandes, des Glücks und der Fülle. Es ist daher kein Wunder, dass dieses Yantra in vielen Häusern Indiens hängt. Das Yantra eignet sich nicht nur zum Meditieren sondern auch zur Korrektur von Vastudeffekten. Und dies unabhängig von der Himmelsrichtung.

Dazu einige Beispiele. Ihre Wohnung hat eine Toilette im Norden, Nordosten oder Osten des Hauses. Diese Disharmonie wird mit einem Shri-Yantra korrigiert, das wir außen an der Toilettentür anbringen. Die Küche befindet sich im Südwesten. Hier installieren wir das Shri-Yantra in der Küche, am besten in der Nähe des Herdes. Dies verhilft der Nahrung zu einer besseren energetischen Qualität. Eine preiswerte Art der energetischen Wasseraktivierung besteht darin, ein Glas Wasser für einige Minuten auf das Yantra zu stellen. Ein solchermaßen aktiviertes Wasser schmeckt köstlich und ist ein Jungbrunnen für Geist und Körper eines jeden Menschen. Die Einsatzmöglichkeiten des Shri-Yantras sind vielfältig und nahezu unbegrenzt.

6.2.2. Das Narasimha-Yantra

Ein weiteres höchst wirkungsvolles Yantra ist das Narasimha-Yantra. Ursprünglich wurden die Götter als Energien verstanden, nicht als Personen, und daher auch in geometrischen Strukturen gezeichnet, die diese Kräfte darstellen und einfangen sollten. Dies war so bei den alten Kelten, Griechen und Indern. Dies hat ihre Parallelen in der christlichen und jüdischen Mystik, die bezeichnenderweise die höchsten Engel als Kräfte und Mächte tituliert. Das Narashima-Yantra gibt die göttliche Schutzkraft wieder. Der Mythos dazu berichtet von Vishnu, der in der Gestalt des Löwen (Simha) die Mächte der Dunkelheit besiegt. Die Kräfte des Yantras geben mehr den männlichen, solaren und beschützenden Charakter des Göttlichen wieder. Narasimha ist von daher als Sonnenlogos (symbolisiert durch den Löwen), dem griechischen Apollo und dem Erzengel Michael sehr ähnlich. Beide kämpfen ja gegen die Mächte der Dunkelheit und des Verfalls.

Das Yantra wird erfolgreich zur Abwehr schwarzmagischer Einflüße eingesetzt. Ebenso eignet es sich zum Schutz vor negativen Einflüssen, die ins Haus durch die Türöffnung gelangen können. Es sollte daher vorbeugend an jeder Haustür angebracht werden, besonders aber dort wo die Tür in einem negativen Bereich liegt. So können ungute geistige Wesenheiten, negative Energiefelder, aber auch die schlechten Gedanken unserer Mitmenschen keinen Einlass in unsere Wohnung finden.

Ein Pendant zu diesem Yantra stellt übrigens die in Bayern verbreitete Sitte dar, die Plastik eines Löwen vor den Hauseingang zu stellen. Ebenso findet man dies bei den Chinesen. Der Ursprung und Sinn dieses Brauches ist bei uns im Laufe der Zeit leider in Vergessenheit geraten. Nichtsdestoweniger ein hochwirksamer Schutzmechanismus, der durch seine bildliche Darstellung und entsprechender geistiger Einstellung ein schützendes Energiefeld aktivieren kann.

6.2.3. Die Planeten-Yantras

Ein in Indien sehr beliebtes Vastu-Korrekturwerkzeug sind neben dem Shri- die Planeten-Yantras. Ein Zahlenquadrat gibt dabei die energetischen Eigenschaften des betreffenden Planeten wieder und wirkt gemäß den Gesetzen der Radionik. Verknüpfen wir dieses magische Zahlenquadrat mit dem Salomonssiegel – einer vereinfachten Form des Shri-Yantras – und malen wir dieses Yantra noch mit den zu den Planeten passenden Farben aus, erhalten wir ein weiteres energieintensives Werkzeug zur Wohnraumharmonisierung.

Zahlenquadrate, die die Qualitäten der Planeten wiedergeben, waren früher auch bei uns im Gebrauch. Das bekannteste schriftliche Zeugnis über Planeten-Yantras ist die okkulte Philosophie von Agrippa von Nettesheim, erschienen im Jahr 1531. Das Buch ist aus gutem Grund ein Besteller der Esoterik und wurde seit seiner Erstauflage immer wieder neu verlegt. Die in dem Buch enthaltenen Quadrate sind ähnlich wirkungsvoll wie die hier dargestellten Zahlenquadrate in der Tradition der indischen Mystik.

Merkur-Yantra

Farbe: Grün
Korrektur von Vastu-Defekten im Norden:

- Toilette
- Abstellraum
- Müll
- Erhebungen, Berge
- Küche
- Schlafzimmer
- Heizung
- keine Fenster
- schwere Möbel und Gegenstände
- keine Fenster
- Hohe Gebäude vor dem Haus

Weitere Einsatzgebiete des Yantras:

- Erreichen von Zielen
- Stärkung von Gedächtnis und Verstand
- fördert Wohlstand und Reichtum
- Stärkung der Hellsichtigkeit
- Stärkung des Nervensystems
- Hilfe bei Stresssituationen

Jupiter-Yantra

Farbe: Gelb
Korrektur von Vastu-Defekten im Nordosten:

- Toilette, Abstellraum, Abfall
- keine Fenster
- Schlafzimmer
- Erhöhung, Berge
- auf dem Grundstück weniger Platz als im Südwesten
- Küche
- Bad
- Kinderzimmer
- Hohe Gebäude
- schwere Möbel und Gegenstände

Weitere Einsatzgebiete des Yantras:

- fördert spirituellen Fortschritt
- Karriere und Wohlstand
- männliche Nachkommen
- Glück und Erfolg, Ehren und Würden
- fördert Studium und Wissenserwerb
- Stärkung der Autorität

Sonnen-Yantra

Farbe: Rot, Orange, Gelb
Korrektur von Vastu-Defekten im Osten:

- Toilette, Müll
- keine Fenster
- Erhebungen, Berge, Gebäude
- schwere Gegenstände und Möbel
- Schlafzimmer
- wenig Grundstücksfläche

Weitere Einsatzmöglichkeiten des Yantras:

- Steigerung der Vitalität
- Steigerung von Arbeitselan und geistiger Kraft
- verleiht Ruhm und Liebenswürdigkeit
- Schutz vor Feinden

Venus-Yantra

Farbe: Bunte Farben, Silber, Rosa
Korrektur von Vastu-Defekten im Südosten:

- Hauseingang im negativen Bereich
- Grundstückserweiterungen
- Schlafzimmer
- Südosten höher als der Südwesten
- keine Präsenz des Feuerelementes
- Wasserflächen

Weitere Einsatzmöglichkeiten des Yantras:

- Stärkung des Immunsystems
- Ruhe und Gelassenheit
- Liebesglück
- Stärkung des Herzchakras
- Wunscherfüllung

Mars-Yantra

Farbe: Rot
Korrektur von Vastu-Defekten im Süden:

- große Fensterflächen
- Vertiefung
- mehr Grundfläche als im Norden
- Wasserfläche
- gesamter Süden nur ein Wohnraum
- Terrasse niedriger als Wohngebäude

Weitere Einsatzmöglichkeiten des Yantras:

- Vorteilhaft zur Erlangung leitender Positionen
- Sieg über Feinde
- Erfolgreicher Ausgang von gerichtlichen Auseinandersetzungen
- Verleiht Stärke, Selbstbewusstsein, Mut und Herzenskraft

Rahu-Yantra

Farbe: Grau, Braun
Korrektur von Vastu-Defekten im Südwesten:

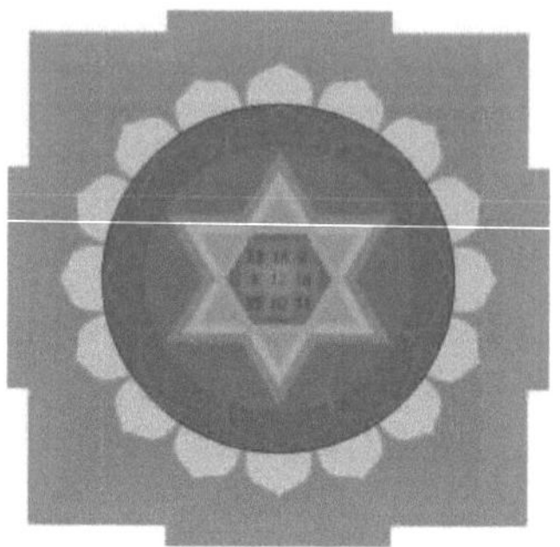

- Fensterflächen
- leicht und offen
- viel Platz
- Wasserflächen
- Eingang
- Zufahrt zum Grundstück
- Erdvertiefung
- Bad, Toilette
- Küche
- Kinderschlafzimmer

Weitere Einsatzmöglichkeiten des Yantras:

- Hilfe bei Suchtproblemen
- Komplexe, Minderwertigkeitsgefühle
- gibt nötige Erdung
- Hilfe gegen Tyrannei durch Vorgesetzte

Saturn-Yantra

Farbe: Dunkelblau
Korrektur von Vastu-Defekten im Westen:

- Fensterfläche größer als im Osten
- Westen niedriger als der Osten
- mehr Fläche im Westen
- Heizung
- Küche
- Haupteingang

Weitere Einsatzmöglichkeiten des Yantras:

- Schutz vor finanziellen Verlusten
- Schutz vor zu niedrigem Einkommen
- Hilfe bei gerichtlichen Schwierigkeiten
- Erfolg bei Vorgesetzten
- Entgiftung des Körpers
- Hilfe bei Bluthochdruck und Kreislaufproblemen

Mond-Yantra

Farbe: Hellblau, Hellgrün
Korrektur von Vastu-Defekten im Nordwesten:

- Eingang
- niedriger als der Nordosten
- Wasserfläche
- Studierzimmer
- Küche
- Schlafzimmer
- keine Fensterfläche

Weitere Einsatzmöglichkeiten des Yantras:

- Stärkung der Psyche
- Förderung von Einnahmen
- gute Freundschaften, Liebesbeziehungen
- fördert die Fähigkeit, auf die innere Stimme zu hören

Die Planeten-Yantras können auch zum Ausgleich negativer Aspekte im Geburtshoroskop herangezogen werden.

6.3. Pyramiden zur Wohnraumentstörung

Damit Yantras schneller wirken hat es sich als recht
günstig erwiesen, zu jedem
Yantra eine Pyramide zu geben. Die Pyramiden sollten
eine Seitenlänge von we-
nigstens 5 mal 5 cm haben.
Besonders gut wirken da-
bei Pyramiden, die Siliziumoxid (SiO_2 = Quarz) ent-

halten. Siliziumoxid spielt ja auch in der Halbleiter- und Computer-
technik eine herausragende Rolle. Nicht ohne Grund! Die hervorragenden Energiesammel- und Speicherfähigkeiten dieses Materials
bringen auch beste Ergebnisse für das Vastu-Energiefeld.

Folgende Pyramiden aus Halbedelstein kann man in guten
Esoterik- oder auch Mineralienshops erhalten:

Bergkristall-Pyramiden

Sie sind ideal zur Reinigung und Energetisierung eines jeden Raum-
es und Gebäudes. Für kleinere Zimmer (Kinderzimmer) und den
Büroschreibtisch genügt eine kleine Pyramide mit zum Beispiel drei
bis vier Zentimeter Kantenlänge und 100 bis 200 Gramm Gewicht.
Große Pyramiden aus Bergkristall sind schwer zu bekommen, der
Grund liegt darin, dass Quarzadern in entsprechender Größe selten
sind. 500 bis 1000 Gramm schwere Pyramiden sind daher besondere
Kostbarkeiten, die sie entsprechend behandeln und pflegen sollten.
Bergkristall eignet sich zur Entstörung von Vastu-Defekten in allen Himmelsrichtungen. Er ist universell reinigend und regeneriert
durch sein Lichtspektrum und seine Frequenzen alle Chakren optimal. Wenigstens eine kleine Bergkristallpyramide empfiehlt sich
für den Schreibtisch. Wer es sich leisten kann, sollte zumindest eine größere Bergkristallpyramide in der Wohnung aufstellen, so ab
300 Gramm aufwärts. Dies erhöht die spirituelle Schwingung und
Reinheit eines Gebäudes beträchtlich.

Fluorit-Pyramiden

Fluorit spricht besonders die Energiezentren (Chakren) des Halses, der Stirn, des Scheitels und des Herzens an. Eine solche Pyramide entstört besonders gut den Nordwesten, den Norden, den Nordosten und den Osten des Vastu-Energiefeldes. Die Farben sind Weiß und Grün. Fluorit unterstützt wie kein anderes Material die Tätigkeit des Großhirns. Eine Pyramide eignet sich von daher sehr gut für den Schreibtisch und für das Meditationszimmer. Fluorit stärkt außerdem sehr wirksam das Scheitel- und Stirnchakra, es ist von daher einer der wichtigsten Steine der Okkulten Wissenschaften und gilt als Stein der Weisen, der Dichter und Denker.

Onyx-Pyramiden

Onyx ist – wenige wissen es – einer der kräftigsten Zaubersteine, in ihm mischen sich saturnische Kräfte mit der Erd- und Feuerenergie. Es befreit von schwarzmagischen Störungen aller Art. Heilt Wurzel- und Sakralchakra und stärkt das Scheitelchakra. Es schützt vor negativen Energien und Einflüssen, mindert unsere Beeinflussbarkeit und fördert ein gesundes Selbstbewusstsein. Es hilft gegen Kummer, Sorgen und Melachanolie und stärkt unser Immunsystem vortrefflich. Onyx schützt außerdem vor Infekten und steigert die Konzentration. Alles in allem sollte in keinem Haus eine Pyramide aus Onyx fehlen. Es entstört besonders wirksam den Süden, den Südwesten, das Zentrum, den Nordosten, den Westen und auch den Nordwesten einer Wohnung.

Aventurin-Pyramiden

Aventurin hilft das eigene Karma zu transformieren, es beruhigt das Herz und hilft uns die Vergangenheit loszulassen. Es befreit uns von Seelengiften und alten Verwundungen tief im Innern unseres Herzens und verhilft zu einem ruhigen Schlaf. Der ideale Einsatzort einer solchen Pyramide liegt daher im Schlafzimmer. Sehr gut entstört es Defekte im Norden, Nordosten, die besten Wirkungen allerdings erzielt eine Pyramide aus Aventurin bei Störungen im Osten und Südosten. Auch bei ungelösten Herzensangelegenheiten und viel Streit, Sorgen und Kummer sollten Sie an den Einsatz von Aventurin denken.

Sodalith-Pyramiden

Sodalith wirkt beruhigend, er fördert auch die bewusste und geistige Wahrnehmungsfähigkeit. Er stärkt Hals-, Stirn- und Scheitelchakra. Er beseitigt emotionale Unausgeglichenheit und löst Gefühlsblockaden auf. Er hilft besonders bei Leiden im Halsbereich und steigert die Sehkraft. Dort, wo uns Schuldgefühle plagen, gibt er uns ein Stück innerer Freiheit zurück. Im Vastu-Energiefeld wirkt er besonders stark in den Richtungen Nordwesten, Norden, Nordosten und Osten. Aber auch in jeder anderen Richtung erfüllt eine Soalithpyramide den Raum mit sehr guten Energien.

Glas-Pyramiden

Preiswert und sehr effizient sind Pyramiden aus Glas. Auch sie enthalten Siliziumoxid (Quarz) und generieren ein ausgezeichnetes Energiefeld. Für die Wohnraumentstörung sollten sie wenigstens eine Seitenlänge von 5 cm haben. Nach oben hin sind jedoch keine Grenzen gesetzt! Die Proportionen sind relativ egal. Es müssen nicht jene der Cheopspyramide sein, um einen Erfolg zu erzielen! Im Gegenteil, je spitzer eine Pyramide ist, desto mehr Energie strahlt sie ab. Sehr flache Pyramiden wurden vor allem bei den Mayas gebaut. Sie sammeln die Energien sehr stark im Inneren und strahlen davon wenig nach außen. So etwas macht Sinn, wenn sie in einer Pyramide meditieren und ihr Lebensfeld stärken wollen. Im Wohnraum sind aber kleine Pyramiden mit Proportionen der Cheopspyramide oder noch spitzer die bessere Wahl.

Klassische Defekte, die mit Hilfe einer Pyramide beseitigt werden können:

- Schlafzimmer im Nordosten
- Fehlende Fenster im Nordosten
- Küche im Nordosten
- Heizung im Nordosten
- Toilette im Südwesten

- Falsch platzierter Eingang im Nordwesten, Südwesten, Südosten

- Große Fensterflächen im Süden und Südwesten

Weitere Vastudefekte wurden schon bei den Planeten-Yantras aufgezählt. Sie alle werden bestens mit Hilfe von Pyramiden gereinigt. Neben der Korrektur der Vastudefekte ergeben sich noch weitere segensreiche Einsatzmöglichkeiten von Pyramiden. Im Schlafzimmer, am besten unter der Südwestecke des Bettes, sorgt die Pyramide *für einen gesunden Schlaf*. Sie erwachen frisch und munter am nächsten Tag. *Hausfrauen, die sich Müde und Erschöpft fühlen*, sollten die Pyramide in der Südwestecke der Küche aufstellen um energiegeladen und munter zu werden. Im Kinderzimmer hilft eine Pyramide um die *Aufmerksamkeit und Konzentration unserer Kinder zu steigern*. Damit *die Geschäfte reibungslos klappen*, sollten sie ebenfalls in der Südwestecke des Büros stehen. Bei *Krankheit* eine Pyramide unter die Südwestecke des Bettes stellen. Dies ist eine der besten Methoden um schnell zu genesen. Bei *schwarzmagischen Angriffen*, oder wenn ihnen jemand etwas schlechtes wünscht, stellen sie bitte in alle vier Ecken ihres Hauses eine Pyramide, dies ist ein vorzüglicher Schutz gegen alle dunklen Mächte. In einem *Ein- oder Zweizimmerappartement* sollten prinzipiell vier Pyramiden in den Ecken stehen, das Gleiche gilt für eine *Wohnung im Erdgeschoss eines Wohnblocks*. Die Energien sind hier meistens zu drückend. Eine Pyramide im Nordwesten des Hauses *schützt vor ungebetenen Besuchern*. Eine Pyramide im Nordosten des Schlafzimmers *verhilft zu Nachwuchs*. Haben sie *gerichtliche Auseinandersetzungen*, dann geben sie bitte eine Pyramide in den Nordwesten ihrer Wohnung und ihres Büros. Bei *Partnerschaftsproblemen* empfiehlt es sich, jeweils eine Pyramide in die Südwest- und Nordwestecke zu geben.

Die Pyramide beseitigt grundsätzlich den geopathischen Stress im Wohnraum. Sie können sich also die (oftmals fehlerhafte) Ausmessung durch einen Rutengänger sparen. Die Wirksamkeit der Pyramiden lässt sich übrigens mit Hilfe eines Elektroskopes überprüfen, einem klassischen, bewährten Messinstrument, welches schon bei Wilhelm Reichs Forschungen oftmals zum Einsatz kam.

Weitere Einsatzgebiete der Pyramide:

- Harmonisierung der Chakren
- Schutz vor Elektrosmog

- Schutz und Heilung der Aura
- gesunde Entwicklung und Stärkung des Selbstvertrauens
- gegen chronische Müdigkeit und Schlafstörungen
- Beschleunigung des spirituellen Wachstums
- Stärkung der Ausstrahlungs- und Anziehungskraft
- Regeneration des Körpers
- Schutz vor Erdstrahlen und Wasseradern

6.4. Metall-Pyramide

Im Vastu kommen auch gerne Pyramiden aus Metall zur Wohnraumentstörung zum Einsatz, manchmal auch vergoldet. Meine Erfahrungen damit sind zwiespältig. Sie sind oftmals recht teuer und produzieren kein so starkes Energiefeld wie Pyramiden aus Glas oder Stein. Zudem scheint Metall die Lebensenergie mehr abzuleiten als zu sammeln und so wird zu wenig Energie in den Wohnraum abgestrahlt. Im Zweifel sind Pyramiden aus Glas oder Stein die bessere Lösung. Eine besonders preiswerte und durchaus recht effektive Lösung sind Pyramiden aus Holz oder Ton gefüllt mit Basaltgesteinsmehl (Urgesteinsmehl, erhältlich in Baumärkten). Basalt hat besonders starke paramagnetische Eigenschaften, zusammen mit der Pyramidenform ergeben sich recht gute Effekte.

6.5. Westliche Yantras

Unten stehend die Abbildungen von Zahlenyantras aus dem okkulten Klassiker „Die Magischen Werke" von *Agrippa von Nettesheim*. Zahlen besitzen energetische Kräfte und können ganz spezifische Energien des Universums einfangen. Die besonders differenzierten Zahlenquadrate von Nettesheim sind dabei mächtige Resonanzkörper der einzelnen Planetenkräfte. Die Verwendung metallhaltiger Tinte verstärkt dabei die Wirkung der einzelnen Yantren, ist aber nicht unbedingt nötig. Auch die Platzierung der Zahlenquadrate unter einer Pyramide ist eine gelungene Methode, um die Wirksamkeit der Zahlenquadrate zu verstärken.

Das Jupiter-Quadrat hilft gegen Störungen im Nordosten, das Sonnenquadrat im Osten usw. Zum richtigen Einsatz der Quadrate siehe Tabelle 3.1 auf Seite 42, in der die Himmelsrichtungen samt zugehörigen Planeten aufgelistet sind. Die Quadrate wirken dabei ähnlich günstig wie die klassischen indischen Yantren.

4	9	2
3	5	7
8	1	6

(Tab. 6.1)   Tafel des Saturn

4	14	15	1
9	7	6	12
5	11	10	8
16	2	3	13

(Tab. 6.2)   Tafel des Jupiter

11	24	7	20	3
4	12	25	8	16
17	5	13	21	9
10	18	1	14	22
23	6	19	2	15

(Tab. 6.3)   Tafel des Mars

6	32	3	34	35	1
7	11	27	28	8	30
19	14	16	15	23	24
18	20	22	21	17	13
25	29	10	9	26	12
36	5	33	4	2	31

(Tab. 6.4)   Tafel der Sonne

22	47	16	41	10	35	4
5	23	48	17	42	11	29
30	6	24	49	18	36	12
13	31	7	25	43	19	37
38	14	32	1	26	44	20
21	39	8	33	2	27	45
46	15	40	9	34	3	28

(Tab. 6.5)   Tafel der Venus

8	58	59	5	4	62	63	1
49	15	14	52	53	11	10	56
41	23	22	44	45	19	18	48
32	34	35	29	28	38	39	25
40	26	27	37	36	30	31	33
17	47	46	20	21	43	42	24
9	55	54	12	13	51	50	16
64	2	3	61	60	6	7	57

(Tab. 6.6)   Tafel des Merkur

37	78	29	70	21	62	13	54	5
6	38	79	30	71	22	63	14	46
47	7	39	80	31	72	23	55	15
16	48	8	40	81	32	64	24	56
57	17	49	9	41	73	33	65	25
26	58	18	50	1	42	74	34	66
67	27	59	10	51	2	43	75	35
36	68	19	60	11	52	3	44	76
77	28	69	20	61	12	53	4	45

(Tab. 6.7)   Tafel des Mondes

6.6. Yoga, Duftöle und Edelsteine – Notprogramm für ein gestörtes Energiefeld

Nicht jeder hat die Möglichkeit, sich nach seinen Traumvorstellungen das perfekte Vastuhaus zu bauen. Viele müssen aus finanziellen Gründen ihr Leben lang in Mietverhältnissen leben, manche können sich gar den Wechsel in eine andere Wohnung kaum leisten. Zudem ist eine nach Vastukriterien gebaute Miets- oder auch Eigentumswohnung schwer zu finden. Die persönliche Wohnsituation kann also womöglich nur sehr schwer oder unter erheblichem Zeitaufwand verändert werden. Unter Umständen dauert es Jahre, bis wir eine vernünftige Wohnung finden. Hinzu kommt, dass die Bewohner lange Zeit dem negativen Vastuenergiefeld eines Hauses ausgesetzt waren, Geist und Körper sind nachhaltig und fundamental irritiert, was manchmal die Suche nach einem besseren Energiefeld blockiert. Die Yantren reichen dann oft nicht mehr aus, um das energetische Defizit sofort auszugleichen. Yantren als himmlische Werkzeuge sind Tore zum Hyperraum. Bei fehlender geistiger Klarheit und Offenheit dauert es oft länger, bis sie sich öffnen. Eine positive Grundeinstellung und gute Gedankenschwingungen der Bewohner helfen erheblich, den Energiefluss zu beschleunigen.

Wir selbst sind als Menschen Energiefänger. Mit den richtigen körperlichen und auch spirituellen Übungen können wir aktiv unser Energieniveau stärken und erhöhen. Freilich sollte die betroffene Person dabei am Ball bleiben. So lange sie im gestörten Wohnumfeld lebt, schadet es nicht, aus Sicherheitsgründen vorbeugend regelmäßig Yogaübungen durchzuführen, um Körper und Geist zu entstören. Die indischen Mystiker haben vielfältige Methoden zur Gesundung des menschlichen Energiekörpers entwickelt, die wichtigsten gegen negative Einflüsse des Wohnumfeldes entstammen dem Hatha-Yoga.

Bei einem defekten Wohnraum ist die Seele der Wohnung, der Vastupurusha, gestört. Dies ist ein Wesen mit Bewusstsein und Eigenschaften eines biologischen, gar menschlichen Organismus. Auch der Vastupurusha hat seine eigenen Energiezentren ähnlich denen von Mystikern am menschlichen Körper festgestellten Chakren. Hat das Vastuenergiefeld einen bestimmten Defekt, wirkt sich das vornehmlich auch auf ein Energiezentrum des menschlichen Körpers aus. Ein Defekt im Südwesten beispielsweise - wie große

Fensterflächen oder eine Hauserweiterung - stört das Wurzelchakra des Wohnraums und der menschlichen Bewohner. Typische Folgen dabei sind fehlende Stabilität und Unfallanfälligkeit. Der Adler und der Schmetterling sind zwei Yogaübungen, die ich vor allem bei Defekten im Südwesten sehr empfehlen kann. Geist und Psyche des Übenden werden hierdurch stabilisiert und gegen das gestörte Wohnungsfeld immunisiert, so lange diese Übungen regelmäßig (1x täglich) ausgeführt werden.

Ätherische Öle, Farben (auch visualisiert) und Edelsteine unterstützen diesen therapeutischen Effekt intensiv. Edel- und Halbedelsteine sind Energiefänger mit noch viel ungerichteter Nullpunkt- oder Tachyonenergie. Verschiedene Kristallstrukturen und Materialien haben dabei eine unterschiedliche Wirkung. Sie können den einzelnen Planeten und Elementen vergleichbaren Energiespektren zugeordnet werden und damit auch die Defekte der einzelnen Himmelsrichtungen ausgleichen. Die Kombination all dieser Aspekte stellt insgesamt eine hochwirksame Erste Hilfe bei Vastudefekten dar, die uns auch für einen längeren Zeitraum schützt und hilft, einen negativen Energieraum zu überstehen und sogar gestärkt aus ihm hervorzutreten. Eine andere gute Methode der Beschleunigung des Ausgleichs der Energiedefekte besteht in einer Kombination aus Vastu- und Feng-Shui-Maßnahmen. Wer also Feng Shui beherrscht darf also ruhig zur Tat schreiten. Doppelt gemoppelt hält einfach besser!

6.6.1. Nordosten

Der klassische „schlimmste Defekt" ist eine Toilette im Nordosten des Wohnraumes. Wir wissen dies führt zu Krankheiten, Immunsystemproblemen, Karriereknick, Schlafstörungen, Kopfschmerzen und auch zu geistigen und seelischen Problemen. Der indische Vastuexperte Raakesh Chawla, ein freundlicher, bescheidener und hoch erleuchteter Meister, empfiehlt in diesem Fall ein sehr erfolgreiches Mittel: die Meditation des Urschöpfungslautes „OM" regelmäßig beim Baden. Dabei genügen einige Minuten.

Pflanzen sind im Allgemeinen Energieerzeuger. Sehr bewährt hat sich der Einsatz des Geldbaums bei einem Bad mit Toilette im Nordosten. Dieses auch im Feng Shui empfohlene Dickblattgewächs vermittelt durch seine runden Blätter ein besonders ruhiges und ausgleichendes Lebensenergiefeld. Die Blätter erinnern an Münzen, nach etwa zehn Jahren blüht dieses Bäumchen bei guter Pflege, spätestens dann wird der Geldsegen unbegrenzt fließen, so die Überzeugung einiger Vastuexperten. Unterstützen können wir das meditative Bad mit Melissen-, Rosenholz-, Wacholder- oder auch Weihrauchduft. Die Farben Weiß, Violett und Gold helfen gegen Defekte im Nordosten, ein monochromatisches Gemälde in der Farbe Violett in dieser Himmelsrichtung wirkt hervorragend. Auch Blumen in diesen Farben oder auch das Tragen von Kleidern entlastet den Organismus. Violett ist eine Ver-

Der Baum - Yoga-Übung gegen Defekte im Nordosten

bindung von Rot und Blau, von weltlicher Lebenskraft und unendlichem Geist. Es ist eine der kostbarsten und höchsten Farben, ein Symbol für spirituelle Erleuchtung. Bergkristall, Amethyst, Diamant und Fluorid helfen ebenso am Körper getragen oder entsprechend platziert bei Defekten im Nordosten. Besonders gute, unterstützende Yogaübungen sind hierbei Sirshasana (Kopfstand) und als einfachere Alternative Vrikshasana (Baum).

6.6.2. Osten

Die gefährlichen Vastudefekte des Ostens wie Toilette oder gar Fensterlosigkeit führen zu einer unglaublich vielfältigen Palette von Störungen und Krankheiten. Kreislaufprobleme, erhöhter Blutdruck, Asthma, Atemnot, Beziehungsprobleme, Kontaktarmut, fehlende Vitalität und Willensstärke, geringe soziale Stellung, überhaupt Leben und Finanzen nicht im Griff zu haben gelten als typische Symptome. Treten sie auf, setzen wir als Duftstoffe am besten Jasmin, Rose, Lavendel oder Thymian ein, um das Ungleichgewicht zu beseitigen.

An Edelsteinen eignen sich besonders Smaragd, grüne Jade, Rosenquarz, Turmalin, Malachit und Chrysolith.

Sind Herzprobleme, gar Herzinfarkt oder erhöhter Blutdruck bereits aufgetreten, ist der verstärkte Einsatz der Farbe Grün in Kleidung und Raumausstattung hilfreich. Grün ist die Farbe der Harmonie, Hoffnung und Heilung. Auch durch den Einsatz von besonders

Das Brett - Yoga-Übung gegen Defekte im Osten

vielen grünen Zimmerpflanzen mit üppigem Blattwuchs werden Krankheiten positiv verändert. Unter den Hatha-Yoga-Übungen ist besonders das Gaturanga Dandasana (Brett) und das Ustrasana (Kamel) zur energetischen Stärkung geeignet.

6.6.3. Südosten

Bei Fehlern im Südosten wie z.B. Fehlen der Küche, vorhandenem Schlafzimmer oder Hauseingang im Ostsüdosten kommt es zu Störungen der Sexualität, Verdauungsstörungen und schlechtem Schlaf. Als Dufttherapie empfiehlt sich hier das ätherische Öl von Wacholder, Lavendel, Rosmarin, Bergamotte oder Zitrone. Als Steine eignen sich Zitrin, Edeltopas, Tigerauge

Der Drehsitz - Yoga-Übung gegen Defekte im Südosten

und Bernstein. Die Farbe Gelb bringt hier Heiterkeit und Selbstbewusstsein und steigert die Verdauung. Auch wer unter beruflichem und privatem Misserfolg, Ängsten, zu wenig Beachtung und der Unfähigkeit, sich durchzusetzen leidet, sollte den Südosten seines

Wohnumfeldes auf Vastudefekte genauer untersuchen.

Hervorragende Yogaübungen für den Südosten sind Dhanurasana (Bogen) und Ardha Matsyendrasana (Drehsitz). Wer die Übungen durchführt, am besten gepaart mit dem Einsatz der Duftöle als Körperparfüm oder Zusatz in der Aromatherapielampe, wird sich danach sicherlich wohler fühlen. Allgemein sei an dieser Stelle betont, dass alle vorgeschlagenen Maßnahmen nur auf den feinstofflichen Teil des Körpers einwirken können. Bei allen Krankheitsproblemen sollte man daher unbedingt einen Arzt des Vertrauens hinzuziehen. Sich nur auf Besserung der Befindlichkeit aufgrund der Entstörung des Vastuenergiefeldes zu verlassen, wäre mehr als verantwortungslos. Und es entspricht auch nicht der indischen Erfahrung und Tradition. In Indien gibt es viele Ärzte, die zusätzlich zur normalen Therapie auch die Wohnung der Patienten besuchen, auf Vastudefekte untersuchen und entsprechend korrigieren. Bei uns ist das leider eher eine Seltenheit. Und so wird eine gute Chance versäumt, über das übliche Maß der Therapie hinausgehende neue Wege zu beschreiten. Schade eigentlich.

6.6.4. Süden

Gegen Defekte im Süden wie zu große Fensterflächen, weite Terrassen oder gar ein großer Gartenteich werden am besten mit den Duftstoffen Ylang-Ylang und/oder Sandelholz bekämpft. Karneol, Feueropal und Mondstein beschränken negative Auswirkungen in diesem Bereich. Der Einsatz der Farbe Orange ist hier angezeigt, um Probleme wie fehlende Gelassenheit, Wut, Aggression, zu starke Ich-Bezogenheit zu beseitigen.

Die Voräwrtsbeuge - Yoga-Übung gegen Defekte im Süden

Vielen Krankheiten kann durch rechtzeitige Korrektur des belasteten Bereichs mit entsprechenden feinstofflichen Schwingungen entgegengetreten werden. Auch das ätherische Öl der Orange kann natürlich zur Verbesserung eingesetzt werden. Speziell bei Unterleibsproblemen und Potenzstörungen empfiehlt das Vastu zuerst auf den Süden zu achten. Die beste Yogaübung für diese Himmelsrichtung ist Paschimottasana (Vorwärsbeuge). Diese Übung kann ich allgemein nur sehr empfehlen, sie aktiviert den Energiefluss des Körpers wie kaum eine andere Körperstellung. Ich halte sie z.B. für die beste Übung bei drohender Erkältung, 3 bis 10 Minuten können hier Wunder bewirken, Verdauungs- und Abwehrkräfte werden hier sehr stark angeregt.

6.6.5. Südwesten

Der Südwesten, neben dem Südosten die schwierigste Himmelsrichtung im Vastu, bedarf unserer gesamten Aufmerksamkeit. Fehlende Stabilität hier, wie große Vertiefungen, Wasserflächen, Fensterflächen oder gar ein Eingang gefährden unsere Existenz. Körperliche Probleme zeigen sich in schlechter Haltung, wiederkehrenden Zahnschmerzen, Gelenkschmerzen aber auch häufiger Verletzungen. An psychischen Problemen müssen wir mit fehlendem Durchsetzungsvermögen, Unsicherheit und Existenzängsten rechnen. Um wieder auf den festen Boden der Tatsachen zu kommen

Der Adler - Yoga-Übung gegen Defekte im Südwesten

empfiehlt sich in der Aromatherapie der Einsatz von Zeder, Nelke und Patschouli. Die zugeordneten Edelsteine sind Achat, Blutjaspis, Granat, rote Koralle und der Rubin. Auch die Frequenz der Farbe Rot wirkt Störungen in diesem Bereich entgegen. Die wirksamste Yogaübung ist Garudasana (Adler). Das klassische indische Vastu empfiehlt bei defekten im Südwesten den Bau eines Pavillions mit dem Abbild des adlerköpfigen Gottes Garuda an seiner Spitze. Diese Himmelrichtung wird in der Mythologie diesem Gott zugeordnet, der hier seine Kräfte im Kampf gegen die Dämonen der Finsternis entfaltet. Der Einsatz der diesem kosmischen Prinzip zugeordneten Yogaübung ist daher wärmstens zu empfehlen. Aber auch der Schmetterling (Bhadrasana) erzeugt gute Resultate.

6.6.6. Westen

Große Fensterflächen, viel Wasser und Vertiefungen in dieser Himmelsrichtung führen zu Problemen. Es kann zu Verzögerungen kommen, aber auch zu vorzeitigem Tod und zu Kummer. Betroffen sind vor allen Dingen die Wirbelsäule, Blut- und Zellaufbau. Depression, fehlende Lebensfreude und Lethargie können auftreten. Das beste ätherische Öl, das hier

Die Waage - Yoga-Übung gegen Defekte im Westen

zum Einsatz kommen sollte, ist das des Jasmin. Als Edelstein empfiehlt sich besonders der schwarze Onyx zur Entstörung des Energiefeldes.

Gute Yogaübungen sind die Waage (Utthita Satyeshikasana) und die Schildkröte (Kurmasana).

6.6.7. Nordwesten

Die schlimmsten Vastufehler hier sind ein Eingang im Nordnordwesten und fehlende Fensterflächen, die den Eintritt des wichtigen und wertvollen Luftelements blockieren. Als körperliche Symptome sind Halsschmerzen, Mandel- und Rachenentzündungen, verspannter Nacken, Sprachfehler und Schüchternheit häufig zu beobachten.

Auch bei Lungenproblemen sollte auf die Situation im Nordwesten geachtet werden. Allgemein ist mit Feindschaften und fragwürdigen Freunden zu rechnen. Als ätherische Öle empfehle ich den Einsatz von Lavendel, Salbei oder Eukalyptus. Als Edelsteine Aquamarin, Türkis und Pyrit. Die diesem Bereich zugeordnete Farbe ist Hellblau.

Bei Problemen in dieser Richtung sind von Seiten des Yoga das Sarvangasana (Schulterstand) oder das Halasana, der Pflug – am besten natürlich beide kombiniert – zur Besserung einzusetzen.

Der Schulterstand - Yoga-Übung gegen Defekte im Nordwesten

6.6.8. Norden

Der Norden ist allgemein wichtig für Reichtum und Gesundheit. Toxisch wirkt sich hier eine Toilette aus, verheerend ist das Fehlen von Fenstern. Nervensystem und Lunge werden in Mitleidenschaft gezogen; Kraftlosigkeit, Lebensunlust, Nervosität treten auf. Bei den Farben stellen sich Violett, Blau und Indigoblau als nützlich dar. Als Edelsteine eignen sich besonders indigoblauer Saphir, Lapislazuli, Sodalit, Azurit und Bergkristall. Als ätherisches Öl wirkt hier wiederum Jasmin oder Minze besonders wohltuend.

Besonders empfehlenswert ist bei Problemen, die dieser Himmelrichtung zugeordnet werden können, die Yogastellung Natarajasana, der Tänzer.

Der Tänzer - Yoga-Übung gegen Defekte im Norden

Abschließend

Wem Hatha-Yoga-Übungen aus gesundheitlichen Gründen zu schwer sind, der kann am besten im Yoga- oder Schneidersitz, notfalls auch in Rückenlage, die Chakren entsprechend den Defekten der Himmelsrichtung mental stärken. Man stelle sich dazu die jeweils passende Farbe als strahlendhelle Scheibe an der entsprechenden Stelle des Ätherleibes vor. Auf der nächsten Seite nochmal eine Zusammenfassung des Gesagten.

Himmelsrichtung	Chakra	Farbe	Ätherische Öle	Edelsteine	Yoga-Übungen
Nordosten	Scheitel-Chakra	Violett Weiß Gold	Melisse Rosenholz Wachholder Weihrauch	Bergkristall Amethyst Diamant Fluorid	Sirshasana Kopfstand Vrikshasana
Osten	Herz-Chakra	Grün	Jasmin Rose Lavendel Thymian	Samaragd grüne Jade Rosenquarz, Malachit Turmalin, Chrysolith	Dandasana Brett Ustrasana Kamel
Südosten	Nabel-Chakra	Gelb	Wachholder Rosmarin Bergamotte Zitrone	Zitrin Edeltopas Tigerauge Bernstein	Dhanurasana Bogen Ardha Matsyendrasana Drehsitz
Süden	Milz-Chakra	Orange	Ylang-Ylang Sandelholz Orange	Karneol Feueropal Mondstein	Paschimottasana Vorwärtsbeuge
Südwesten	Wurzelchakra	Rot	Zeder Nelke Patschouli	Achat Blutjaspis Granat Rubin	Garudasana Adler Bhadrsana Schnetterling
Westen	Milz-Chakra	Orange Blau	Jasmin	Onyx	Utthita Satyeshikasana Waage Kumrasana Schildkröte
Nordwesten	Hals-Chakra	Hellblau	Lavendel Salbei Eukalytus	Aquamrin Türkis Pyrit	Sarvangasana Schulterstand Halasana Pflug
Norden	Stirn-Chakra	Indigoblau Violett	Jasmin Minze	Saphir Lapislazuli Sodalit, Azurit Bergkristall	Natarjasana Tänzer

Teil III.

Fallbeispiele

7. Analysen von Häusern und Wohnungen

7.1. Alkoholsucht - Ursache: Verschmutzter Osten und übermäßig aktiviertes Feuerelement

In diesem Fall handelt es sich um ein Diagonalhaus. Die Wände verlaufen um 45° versetzt zur Haupthimmelsrichtung. Der Eingang befindet sich im Nordosten, gleich daneben liegt die Toilette mit der Gasheizung für die Wohnung. Ein ungewöhnliches Arrangement, das seine Erklärung darin findet, dass das Haus keine Unterkellerung besitzt, die sonst dort installierte Heizung ihren Platz also hier im Parterre finden musste.

Bei Diagonalhäusern ist die energetische Situation etwa folgendermaßen: Die Lebensenergie tritt hier zwar ein, kann sich aber zunächst nicht sammeln. Zur Anhäufung der Lebensenergie bedarf es der Ecken. So wandert sie weiter in die Ost- und Nordecke und sammelt sich dort.

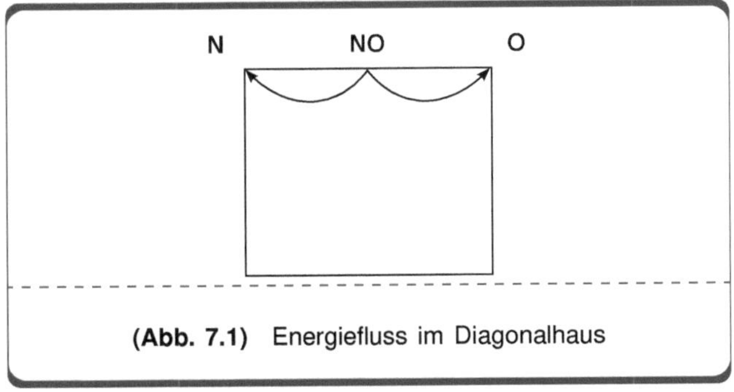

(Abb. 7.1)   Energiefluss im Diagonalhaus

Aus diesem Grunde wirkt eine Toilette im Osten eines Diagonalhauses genauso negativ, als wenn sie im Nordosten wäre.

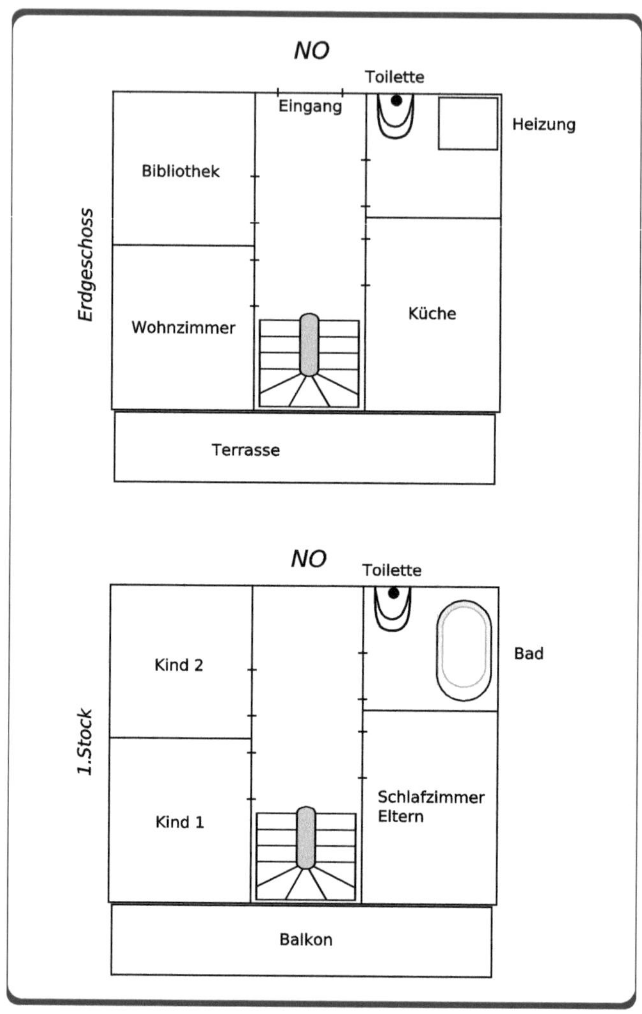

Das Gleiche gilt für die Heizungsanlage. Diese wäre bei einem Parallelhaus im Osten vermutlich weniger verheerend in ihrer Wirkung. So aber werden die feinstofflichen Energien des Nordostens nicht nur verunreinigt sondern auch übermäßig erhitzt. Der Familienvater bekam drei Jahre nach dem Einzug in dieses Gebäude Veränderungen im Blutbild, wenn man erfahrenen indischen Ärzten wie Talvane Krishna glauben darf ist dies kein Zufall. Allerdings ergeben sich die Kausalitäten nach dem Prinzip der Synchronizität wie es C.G Jung formuliert hat. Fazit: Entstören sie ihren Wohnraum und man kann es nicht oft genug sagen: konsultieren sie regelmäßig einen Arzt ihres Vertrauens!

Problematische Krankheiten entsteht gern in Häusern mit Toilette im Nordosten. Dies behauptet zumindest das Vastu. Schlechte Blutwerte wiederum entsteht oftmals durch zusätzliche Vastudefekte im Südosten, zum Beispiel durch ein dort platziertes Schlafzimmer. Das hier herrschende Feuerelement sorgt für ein entsprechend „hitziges" Blut. In unserem Beispiel befand sich das Schlafzimmer im Süden, wo sich die Elemente Erde und Feuer mischen. Diese Himmelsrichtung ist von daher ein neutraler Ort und als Schlafstätte geeignet. Die entscheidende Komponente für beginnende gesundheitliche Störungen war in diesem Fall der Ofen im Osten des Hauses.

Die gleiche energetische Situation bot auch der erste Stock. Auch hier befand sich eine Toilette mit Bad im Osten. Da der Mann berufstätig war, verbrachte er die meiste Zeit, während der er zu Hause war, im Schlafzimmer, weniger in der Küche. Dies war vermutlich sein „Glück". Er war dadurch den Energien des Erdgeschosses nicht zu lange ausgesetzt, so dass ernstere Komplikationen ausblieben..

Allerdings ist auch das Umfeld des ersten Stocks nicht gerade komplikationslos. Das Treppenhaus befindet sich im Südwesten und sorgt dort vom ersten Stock aus betrachtet für eine Vertiefung. Dies kann zur Schwächung des Familienoberhauptes führen. In unserem Falle ist hier außerdem die Ursache für die Alkoholsucht des Mannes zu suchen. Suchtprobleme zeigen sich im Vastu gerne bei Defekten im Nordosten in Verbindung mit dem Südwesten. So war es auch hier. Rahu, dem Schattenplaneten und Beherrscher des Südwestens, werden bei entsprechender Konstellation neben psychischen Problemen auch suchterzeugende Eigenschaften zugeschrieben. Ein Treppenhaus im Südwesten gibt den negativen Aspekten Rahus die Möglichkeit zur Entfaltung.

Das Badezimmer im Osten wirkte sich ebenfalls verheerend auf die Karriere des Mannes aus, sein öffentliches Ansehen litt und der berufliche Erfolg war mehr als bescheiden. Die Frau des Hauses, überwiegend im Haushalt tätig und damit den ganzen lieben langen Tag dem Energiefeld der Wohnung ausgesetzt, litt unter emotionaler Instabilität und war oftmals schnell erschöpft. Die Verbindung von Rahu mit einem gestörten Osten (Heizung) war die verständliche Erklärung für diese Reaktion.

Entstören sie einfach in solch einem Fall den Wohnraum mit Hilfe von Yantren und Düften. Ich bin davon überzeugt dass am Vastu etwas dran ist. Aber es gilt auch das Jesuswort: Dein Glaube hat dir geholfen. Ein Zitat, das wir nie aus den Augen verlieren sollten. Jesus hat also nicht nur wegen seiner starken Lebensenergieabstrahlung geheilt sondern auch und vor allem wegen der positiven Grundeinstellung seines Gegenübers. Der Glaube versetzt Berge, ein gewisses Maß an positiver Lebensauffassung wie sie zum Beispiel die Schriften von Norman Vincent Peale vermitteln oder eben die Wohnraumkorrektur nach den Regeln des Vastu ist daher durchaus nicht zu verachten.

In unserm Fall bedeutet dies zum Beispiel ein Rahu-Yantra zusammen mit einem offenen Fläschchen Sandelholzöl in den Südwesten zu geben und an die Türe zu Bad und Heizraum außen ein Sonnen-Yantra mit dem Duftfläschchen Thymian- oder Rosenholzöl ganz in die Nähe zu geben. Probieren sie es einfach aus, denn probieren geht über studieren.

7.2. Reiche Bewohner mit psychischen Problemen

Untenstehend die Skizze der Wohnsituation eines wohlhabenden
Ehepaares.

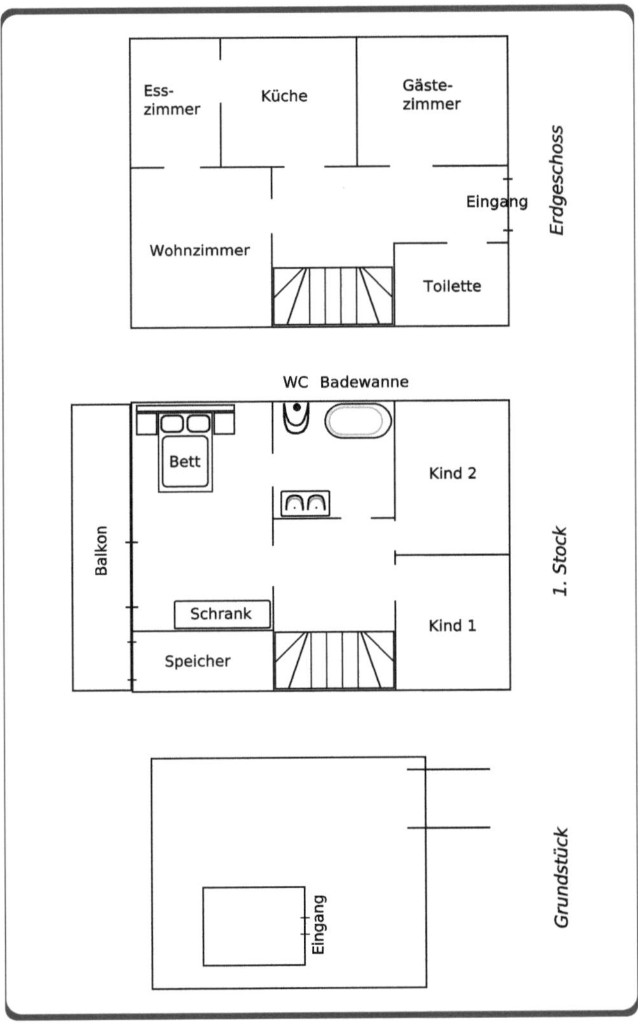

Die Zufahrt befindet sich im Nordosten des Grundstücks. Dies
sorgt für Reichtum und Erfolg seiner Bewohner. Der Eingang zum
Haus im Osten unterstützt die Karriere vor allem der männlichen

Bewohner. Das Haus hat im Norden, Osten und Nordosten genügend Grundstücksfläche, wodurch sich die positiven Energien dieser Himmelsrichtungen entfalten können. Das Grundstück besitzt zudem ein leichtes Gefälle vom Südwesten zum Nordosten, dies unterstützt das positive Vastu-Energiefeld.

Im Erdgeschoß sind die Toiletten im Südosten gut untergebracht. Nach dem Nordwesten ist dies die zweitbeste Himmelsrichtung für ein WC. Die Küche im Norden ist zwar nicht besonders günstig platziert, stört aber auch nicht die Nordost-Südwest-Energielinie und ist somit als neutral einzustufen.

Der einzige Problembereich befindet sich im ersten Stock. Direkt im Nordosten des Schlafzimmers grenzt eine Toilette an, die zudem noch durch eine Tür mit dem Schlafzimmer verbunden ist. Beide Bewohner litten unter Erschöpfungszuständen und Schlafstörungen. Dies ist nicht verwunderlich. Die Betten befanden sich im Nordwesten der Wohnung, der Herrscher dieser Himmelsrichtung ist der Mond, das dazugehörige Element die Luft. Beide sorgen für unruhigen Schlaf und unter ungünstigen Bedingungen (hier Toilette im Nordosten angrenzend) für Depressionen und psychische Probleme. Die Lösung hier: geben Sie ein Shri-Yantra an die Türe zum Badezimmer. Unterstützen sie es mit dem Duft von Sandelholzöl. Verlegen sie das Bett nach Möglichkeit in den Südwesten des Raumes. Da das Gebäude ansonsten recht gute Vastueigenschaften besitzt, müssten die Korrekturmaßnahmen recht schnell ihre Wirkung zeigen.

7.3. Chronische Krankheit und Armut

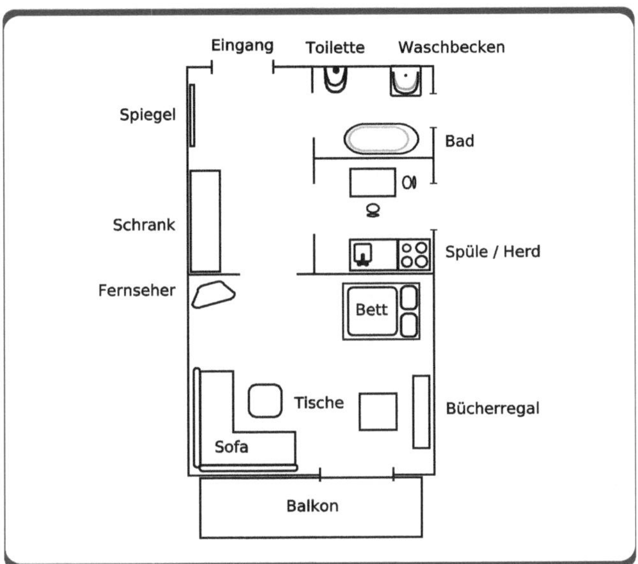

Dies ist die Skizze einer kleinen Wohnung, wie sie in Deutschland leider viel zu oft vorkommt. Die Bewohnerin ist eine liebenswürdige, ältere Dame, tief religös und damit leider auch entsprechend sensibel. Sie reagierte auf das negative Vastu-Energiefeld in ihrer Wohnung sehr stark. Durch viele Schicksalsschläge gebeutelt wurde sie zur Sozialhilfeempfängerin. Als ich sie zum ersten mal traf hatte sie gerade eine schmerzhafte und langwierige Operationen hinter sich gebracht.

Der schlimmste Vastu-Defekt in dieser Wohnung ist die Toilette im Nordosten, chronische Erkrankungen und fehlende finanzielle Möglichkeiten die drohende Folge. Weiter liegt der Eingang im schwachen Bereich des Nordwestens. Dies führt leicht zu Rechtsstreitigkeiten, Problemen mit Banken und Behörden und verstärkt des finanzielle Desaster. Zu der Zeit hatte sie einen Rechtsstreit wegen therapeutischer Fehlbehandlung. Eine gerichtliche Auseinandersetzung wegen ihres väterlichen Erbes hatte sie bereits verloren.

Es wurde ein Narasimha-Yantra an der Eingangstür installiert, ein Shri-Yantra an der Türe zur Toilette und ein Mars-Yantra zur Kompensation der viel zu großen Fensterfläche im Süden. Die Gesamtsituation veränderte sich trotz der schlimmen Ausgangslage zum Positiven. Die durchschlagenste Maßnahme, die am meisten zum Erfolg beitrug, war vermutlich der Einsatz der Farbe Rot. Die Gute lehnte Rot völlig ab. Hatte keine roten Kleider, keine roten Dekors. Ihr fehlte sozusagen die Marsenergie und damit der rechte Biss. Sogar das Mars-Yantra mit seiner roten Farbe, das ich ihr dringend empfahl, erfüllte sie mit Abneigung. Erst als ich ihr klar machte, dass in der Mythologie der Weihnachtsmann zurecht die starke Schutzfarbe Rot trägt, um die Kräfte des Winters und damit des Todes zu bannen, besann sie sich eines besseren. Eine weitere wichtige Maßnahme war die Verlegung des Schlafplatzes in den Südwesten. Der Nordosten ist für einen gesunden und erholsamen Schlaf wenig förderlich. Hinzu kam ein starkes magnetisches Feld, verursacht vom Elektroherd, der durch die Abtrennung auf den Kopf strahlte. Dies sorgte zusätzlich für gesundheitliche Probleme.

7.4. Herzprobleme, Alkoholsucht

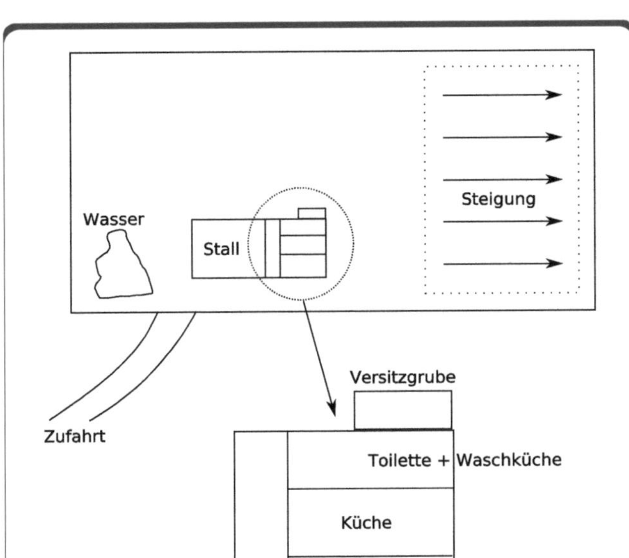

Dies ist die Skizze eines uralten Bauernhofs, der seinen Bewohnern viel Leid und Verdruss gebracht hat. Das Ehepaar hatte das Haus Mitte der achziger Jahre von dem Vorbesitzer übernommen, der wegen seiner Alkoholsucht das Anwesen verloren hatte. Der derzeitige Hausherr war inzwischen zufällig auch zum Alkoholiker geworden. Seine Frau bekam Kreislauf- und Herzprobleme. Aus der Sicht des Vastu waren beide Probleme nicht überraschend.

Im Osten versperrt die Hügelkette den Zutritt der solaren Energien, typische Folge davon sind Herz- und Kreislaufprobleme, unter denen vor allem die Frau litt. Aber auch der Mann hatte gelegentlich schwere Kreislaufstörungen und zwischenzeitlich einen Schlaganfall erlitten und zum Glück überlebt.

Die Alkoholprobleme spiegelten sich in der vastutypischen Situation wieder. Das Erdgeschoss besitzt im Nordosten eine Toilette. Außen, ausgerechnet am Nordosteck des Hauses, lag die Versitzgrube! Im Südwesten liegt die Grundstückszufahrt und auch noch der Fischteich. Hier herrscht Rahu, der dunkle Schattenplanet gemäß vedischer Überlieferung. Im Horoskop eines Menschen, oder wie hier eines Hauses, werden ihm, wenn er negativ aspektiert wird, suchterzeugende Eigenschaften zugesprochen, die sich hauptsächlich beim Mann manifestierten.

Die Toilette wurde entstört, außerdem erfolgte der Anschluss an die Kanalisation und die Versitzgrube wurde aufgelassen. Der wunderschöne, jedoch fehlplatzierte Teich wurde durch einen zusätzlichen Teich im Nordosten ausgeglichen und zusätzlich mit einer Pyramide entstört, ebenso die Einfahrt. Im Osthang wurden zwei weitere Pyramiden eingegraben.

Im Haus wurden sowohl im Erdgeschoss als auch im ersten Stock Sonnen-Yantras und Pyramiden im Osten angebracht. Der Eingang im Südwesten des Wohntraktes wurde mit einer Pyramide und Narasimha-Yantra entstört. Außerdem wurde ein Arzt konsultiert, auf dessen Empfehlung hin mit orthomolekularmedizinischen Mitteln und Heilkräutern die Probleme auf grobstofflicher Ebene angegangen wurden.

Der Gesundheitszustand der Bewohner hat sich danach erfolgreich und anhaltend ins Positive gewendet.

7.5. Hohes Alter

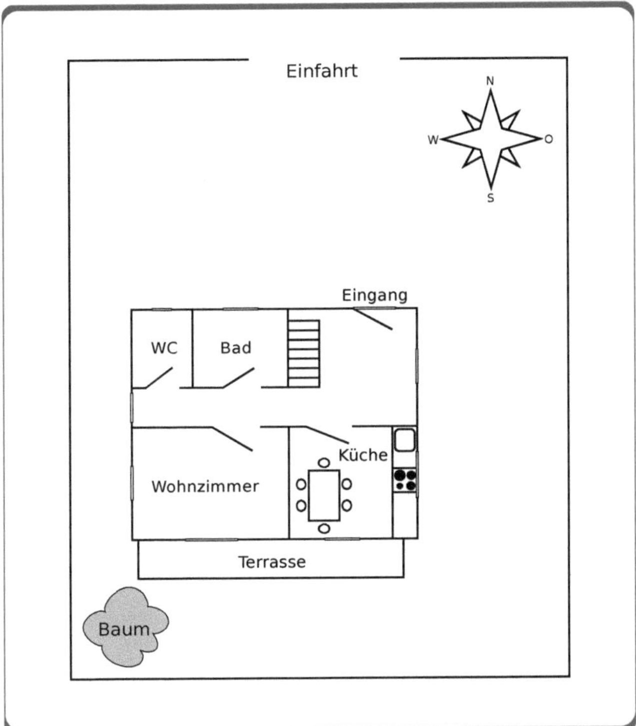

Bei den vielen negativen Beurteilungen, die man als Vastuberater oft aussprechen muss, ist es erfreulich, auch mal ein positives Beispiel erwähnen zu können. Dies ist hier der Fall.

Auf dem Grundstück haben die positiven Energien des Nordens und Ostens genügend Platz zur Entfaltung. Eingang zum Grundstück und Haus liegen in günstigen Bereichen und sorgen für Wohlstand und Gesundheit. Die Küche liegt im Südosten und ist somit bestmöglichst plaziert. Die Energetisierung der Nahrung ist hier gewährleistet. Die Toilette liegt im Nordwesten, eine sehr gute Position. Das hier vorherrschende Luftelement sorgt für den schnellstmöglichen Abbau negativer Energien. Die Trennung von Bad und Toilette ist gemäß Vastu sehr zu empfehlen. Das Bad ist sehr günstig plaziert. Mit jedem Bad werden die aufbauenden und heilenden Energien des Nordens dem Körper und feinstofflichen Leib zugeführt.

Einziges Manko: Eine etwas größere Fensterfläche im Süden als im Norden und die Terrasse im Süden. Dieser Defekt kommt aber kaum zur Auswirkung, da im Norden, Nordosten und Osten keine schweren Vastu-Defekte vorhanden sind. Befände sich im Nordosten zum Beispiel eine Toilette sähe dies vermutlich anders aus. Hinzu kommt die stabilisierende Wirkung des Baumes im Südwesten, was die negative Situation im Süden (größere Fensterfläche, Terrasse) wieder ausgleicht.

Wichtigstes Korrektur-Yantra hier: Mars-Yantra für den Süden. Ergänzend kann man ein Rahu-Yantra für die große Fensterfläche im Südwesten anbringen. Ein Venus-Yantra wegen der großen Terrassentür im Südosten ist ebenso empfehlenswert. Die Küchenfunktionen sind akzeptabel angeordnet. Besonders gut liegt das Waschbecken mit seinem Platz im Nordosten der Küche. Auch das Schlafzimmer im ersten Stock (hier nicht abgebildet) hat im Südwesten/Süden eine gute Lage.

Insgesamt handelt es sich bei der Wohnung um ein kleines, bescheidenes Einfamilienhaus, das sehr gute Eigenschaften aufweist. Ein alter Vastu-Grundsatz bewahrheitet sich auch hier: Lieber in einer „kleinen, perfekt gebauten Hütte" wohnen, als in einem großen Palast mit schweren Vastu- Fehlern.

Dieses kleine Haus ließ sich übrigens eine wohlhabende Frau als Alterssruhesitz errichten. Sie ist 96 Jahre alt geworden und war eine höchstgebildete, bis zum Schluß geistig rege, immer gut gelaunte, gesunde und in ihrer Umgebung beliebte Person, mit ihr zu sprechen war immer wieder ein Erlebnis. Eine der wenigen glücklichen Seelen, von denen es viel zu wenige bei uns gibt.

8. Vastu in der Geschichte und an historischen Gebäuden

8.1. Bauten im römischen Reich

Die römische Villa

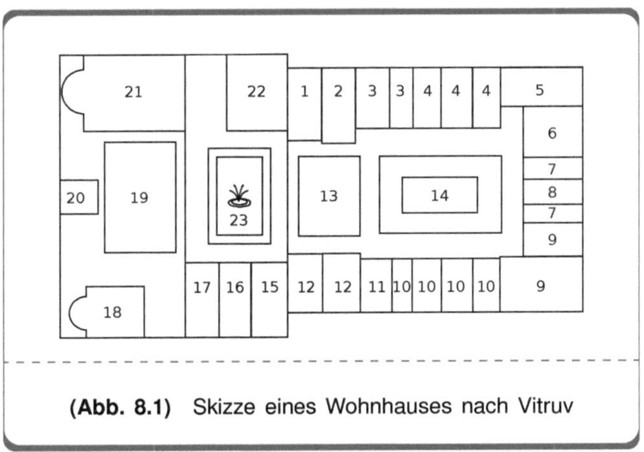

(Abb. 8.1)   Skizze eines Wohnhauses nach Vitruv

Dieser Grundriss eines römischen Hauses stammt aus dem Architekturklassiker von *Marcus Vitruv: Zehn Bücher über die Architektur*. Wir wissen, dass Vitruvs Schrift vom weitaus älteren indischen Standardwerk Manasara beeinflusst wurde. Der indische Gelehrte Kumar Acharia hat akribisch die vielfältigen Übereinstimmungen beider Werke aufgezeigt.

Unser Grundriss zeigt die für die auf Erfolg und Karriere der Männer ausgerichtete typische Solare Architektur in ihrer Ausrichtung auf die Ost-West-Achse. Die langen Seiten des Rechtecks liegen hier im Norden und Süden. Diese Bauform verstärkt nach indischer Auffassung die Präsenz der solaren Energie und wird in Indien als Surya Bhedi bezeichnet.[1],

---

[1]Die Bauweise **Surya Bhedi** ergibt eine lange Ost-West-Achse, hier strömen die so-

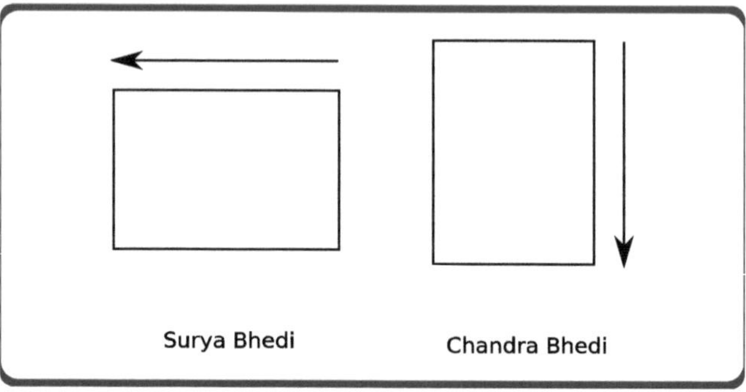

Von der Antike bis zu den barocken Schlossanlagen ist diese Ausrichtung mit bemerkenswerten Ausnahmen (z.B. Versailles) beibehalten worden.

Eines der wichtigsten Vastuprinzipien ist hier erfüllt: Die Mitte des Wohnkomplexes ist frei, ein Atrium (Innenhof) sorgt für ein gutes Vastu. Der Hauseingang befindet sich im Osten, was dafür sorgt, dass die feinstofflichen, solaren Energien auch wirklich im Haus ankommen. Vitalität und Erfolg der Bewohner sind damit gesichert. Das Haus wird in zwei Teile unterteilt: Im Osten befinden sich die Wohnräume, im Westen die Gartenanlagen, Tanzsäle, Bibliothek - alles mehr für die Öffentlichkeit und Repräsentation bestimmte Bereiche.

Betrachten wir den Osten, fällt Folgendes auf: Innerhalb des Wohnkomplexes befindet sich im Südwesten bei Nummer 12 das Boudoir des Hauses, die Latrine ist gleich rechts daneben (11). Somit befinden sich die Latrine im Südwestlichen Teil, eine Konzeption, die auch heute noch von vielen Vastuexperten empfohlen wird. Das Boudoir, das Umkleidezimmer der Frauen, sorgt naturgemäß bei manchen Damen für viel Unordnung. Ganze Wandschränke von Kleidern sind in der römischen Antike wie auch heute noch am besten im Südwesten aufgehoben. Die Schlafzimmer befinden sich im Süden (10), diese Himmelsrichtung sorgt für einen gesunden Schlaf. Viele Gebäude haben heute auch den Fehler, dass sich die Toilette rechts vom Schlafzimmer befindet. Ein Aspekt, der hier wohltuend

---

laren Kräfte verstärkt ein. Die Häuser der Römer wurden gemäß diesem Prinzip gebaut. Hingegen verstärkt **Chandra Bhedi** die Nord-Süd-Achse, die lunaren, weiblichen Kräfte werden so gestärkt. Allgemein werden Gesundheit und Wohlstand der Bewohner stärker gefördert als bei dem nach dem Sonnengott Surya bezeichneten Surya-Bhedi-Rechteck.

vermieden wurde. Der Baderaum mit Schwitzbad befindet sich im Nordwesten des Ostkomplexes (1). Das Element Luft sorgt hier für einen schnellen Abtransport der grob- und feinstofflichen Körperschlacken, so dass das ätherische Energiefeld des Wohnraumes nicht verschmutzt wird. Daneben (2) die Speisekammer, welche im Nordwesten ebenso gut platziert ist. Alles was schnell umgesetzt wird oder schnell verdirbt sollte im Nordwesten untergebracht werden.

Die Fremdenzimmer befinden sich hier im Norden bis Nordnordosten. Aus diesen Himmelsrichtungen, vor allem aber aus dem Nordosten, fließt ein mächtiger Lebensenergiestrom in das Gebäude. Das Energieniveau ist hier viel zu hoch um für die Hausbewohner einen ständigen Schlafraum einzurichten. Wer im Nordosten sowie im Norden längere Zeit schläft kann von Unruhe ergriffen werden. Am Anfang wirkt das Energiefeld aufputschend, mit der Zeit kann sich aber chronisch geistige und körperliche Trägheit in Folge anhaltender Erschöpfung einschleichen. Für die Bewohner eines Hauses ist daher diese Richtung zum Schlafen denkbar ungeeignet. Wollen wir den Norden/Nordosten nicht ungenutzt lassen, ist die Verwendung als Gästezimmer zwar kein guter aber ein möglicher Kompromiss. Gäste sind den Einwirkungen des Nordost-Enegiefeldes normalerweise ja nur kurz ausgesetzt. Das Vastu empfiehlt die Nutzung des Nordostens als Meditationsraum. Dies ist absolut kein Luxus: Wer hier jemals Yoga praktiziert hat weiß, wie wohltuend auf Geist und Körper dieser Sektor einwirkt. Geistige Erfolge der einzelnen Übungen stellen sich viel schneller ein und wir gehen energiegeladener in den Tag.

Bei der von Vitruv dargestellen Villa handelt es sich um ein Wohn- und Geschäftshaus. Werkstädten zur Straße befinden sich im Südosten (9). Das im Südosten vorherrschende Feuerelement lässt keine Trägheit aufkommen, es sorgt für anhaltende und konzentrierte Arbeitsfähigkeit. Vor allem die feuerabhängige Schmiede wurde daher von den Römern zurecht hier untergebracht. An der Straße im Nordosten des Hauses befindet sich der Laden (5, 6), in dem der Hausherr seine Produkte verkauft; dies ist ein Kompromiss. Die beste Himmelsrichtung dafür wäre im Nordwesten, eine Lösung, die bei solch engen Verhältnissen wie in der Stadt nicht immer möglich ist. Ein Geschäft in nordöstlicher Richtung wird weniger durch Umsatz als durch Qualität glänzen, und der Inhaber dürfte ein intelligenter und feinfühliger Zeitgenosse sein, dem es weniger ums Geldverdienen als vielmehr um die Weiterentwicklung von neuen Ideen und technischen Errungenschaften geht. Ein Laden für Glas, Keramik, Bücher, Kunstgegenstände oder gar Feinschmiedekunst ist im Nordosten sicherlich sehr gut aufgehoben und erfolgreich. Auch ein Warenlager im Nordosten lässt sich sicherlich rechtfertigen, wenn es sich dabei um edle und kostbare Stoffe und Artikel in geordneter und sauberer Präsentation handelt.

Gehen wir nun zum westlichen Teil über. Die Küche befindet sich aus praktischen Gründen im gesellschaftlichen Westteil (15). Sie ist dort im Südosten untergebracht, der bekanntermaßen bestmöglichen Positionierung, da hier das Feuerelement vorherrscht. Innerhalb der Gesamtanlage befindet sich die Küche im Süden, dort kann das Feuerelement noch seinen Einfluss geltend machen, die Speisen werden bestens energetisiert. Speisekammer (16) und Treppenaufgang zum ersten Stock (17) befinden sich links daneben mehr in Richtung Südsüdwesten. Hier beginnt das Element Erde seinen Einfluss spürbar auszubreiten. Auch heute noch wird im Vastu die Planung von Speise- bzw. Lagerräumen und Treppenaufgängen im Süden oder Südwesten eindringlich empfohlen. Im Nordosten des Westteils befindet sich der Prunksaal (22), wie schon der Name sagt sorgen Schönheit und Ästhetik dieses Raumes für ein Einfließen der positiven nordöstlichen bzw. nördlichen Energien auf die Grundstruktur der Villa. Im Nordwesten befindet sich der Tanzsaal(21). Der Nordwesten untersteht bekanntermaßen dem Luftprinzip. Dies sorgt für Bewegung. Ein Tanzsaal dort bedeutet nach Vastu die bestmögliche Platzierung. Im Westen befindet sich übrigens die Hauskapelle (20), viele Vastuexperten bewerten einen Sakralraum im Westen positiv. Ich stehe dem allerdings etwas skeptischer gegenüber: der meiner Meinung nach zu starke Einfluss des Saturns und der negative Aspekt des Sonnenuntergangs sollten nur, wenn zwingende Gründe vorliegen, als Richtung für den Meditationsraum gewählt werden. Denken wir nur an St. Peter in Rom; Konzeptionell wurde hier das Kernstück der Kirche, der Altar, nach Westen verlegt, der römischen Tradition also Folge geleistet. Der Katholizismus hatte dadurch nicht zufällig lange Zeit etwas saturnisches mit seiner Dogmatik, seinem überzogenen Sündenbewusstsein und seinem Sadismus (Inquisition, Hexenverfolgung, Märtyrertum etc.). Problematisch ist auch die Anordnung des Springbrunnens im Gesamtkomplex. Während bei der griechischen Villa der Springbrunnen immer im Atrium des Ostteils (14) lag und damit die dort vorherrschenden positiven Energien verstärkte, neigten die Römer dazu, den Springbrunnen in den Gartenbereich zu verlegen, in den östlichen Teil des West-traktes (23). So wie es auf der Skizze von Vitruv dargestelt ist, wäre die Positionierung des Springbrunnens gerade noch vertretbar. Legen wir das 3x3-Gitter des Vastu an die Villa an, so befindet sich der Springbrunnen noch im östlichen Teil des Westkomplexes. Je mehr wir allerdings den Wasserbereich in den Westen rücken, desto negativer wirkt er sich aus.

Insgesamt aber zeigt die Anlage nach den Gesichtspunkten des Vastu eine erstaunlich gute Konzeptionierung.

Römisches Landwirtschaftsgebäude

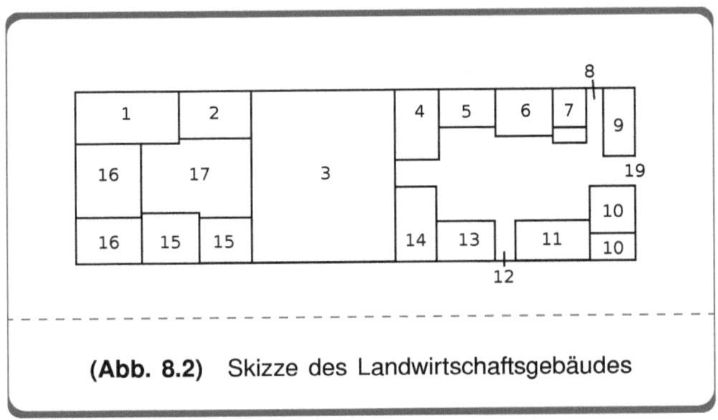

(Abb. 8.2)   Skizze des Landwirtschaftsgebäudes

Villen auf dem Lande hatten natürlich für die landwirtschaftli-che Produktion ein separates Gebäude, den sogenannten Meierhof, der in Deutschland bei den Klosteranlagen bis ins späte Mittelalter überlebte. Auch hier sind viele Vorgaben des Vastu hervorragend umgesetzt. Im Vorderteil (Ostteil) haben wir die Viehställe, im rück-wärtigen Teil befinden sich die Lager. Der Futterboden (1) befindet sich im nordwestlichen Teil. Alles, was schnell umgesetzt werden muss, soll ja am besten - nach den Regeln des Vastu - im Nordwes-ten gelagert werden. Auch die landwirtschaftlichen Ackergeräte und der Fuhrpark (2) befinden sich im Nordwestteil rechts dane-ben. Auch heute noch empfiehlt das Vastu als beste Positionierung für das Auto den Nordwesten. Was länger halten soll, gehört in den

Süden oder Südwesten, auch die Römer beherzigten dieses Prinzip: Der Heuboden (16) befindet sich im Südwesten und der Getreidespeicher im Südsüdwesten (15). Im vorderen Teil wiederum das Weinlager im Nordwesten (4), also im Norden der Gesamtanlage. Auch dies eine hervorragende Platzierung, die dafür sorgt, dass der Wein 1. schnell zur Reife gelangt und 2. auch schnell verkauft wird. Interessant ist die Planung der Pferdeställe im Südosten (11). Hier herrscht das Feuerelement und unterstützt dabei positiv das feurige Temperament dieser Tiere – im Südwesten bestünde die Gefahr, dass sie zu träge würden. Dort befinden sich der Ziegen- und Schafstall (14, 13). Wir wissen, dass Ziegen und Schafe recht empfindliche Tierchen sind. Das im Südwesten vorherrschende Erdelement dürfte zu hervorragendem Wachstum und damit Fleischproduktion und auch ausgeglichener Temperamentslage führen. Im Nordosten sind die Rinder untergebracht (9), auch dies eine vertretbare Positionierung im Gesamtkonzept. Es kommt natürlich auf den Hauptgrund der Haltung an. Wenn es um die reine Fleich- und Milchproduktion ginge, wäre sicherlich der Südwesten besser geeignet. Andererseits dürfte der Nordosten dem oftmals schwerfälligen, trägen Temperament dieser Tiere durch seine feinstoffliche Orientierung (Äther) einen gewissen Ausgleich bieten. Der Rinderbestand war sicherlich einer der wichtigstenen und wertvollsten Bestandteile der römischen Landwirtschaft. Bei den alten Römern, genauso wie im heutigen Vastu, wird gerade dem Nordosten eine besonders heilende Wirkung zugeschrieben. Heilpflanzen sollen im Nordosten aufbewahrt werden. Die Apotheke und das Krankenhaus der uralten Klöster und auch des berühmten Hadrianspalastes waren im Nordosten. Um Gesundheit und Glück der Rinderherde zu sichern wurde diese vermutlich im Nordosten untergebracht. Allerdings dürfte auch bei den an sich sehr schwerfälligen und trägen Rindern diese Himmelsrichtung auf Dauer zu starker Unruhe führen. Nur wenn die Tiere viel und täglich ins Freie gelangen können sind Rinderställe im Nordosten vertretbar.

Wenn wir die Skizzen Vitruvs betrachten, dürfen wir zwei problematische Platzierungen des römischen Meierhofes nicht unterschlagen:
Die Küche (Culina) (7) mit Fokus Feuerstätte ist aus mir unerfindlichen Gründen auf der Skizze im Nordosten platziert. Dahinter der Baderaum. Wir haben also im Nordöstlichen Quadranten das Vorherrschen des Feuerelementes, dies führt zu einem insgesamt

negativen Energiefeld, das sich auf die Tiere nicht gut ausgewirkt haben dürfte. Hinzu kommt, dass rechts daneben (8) die Dunggrube platziert wurde. Schon immer war der Dünger ein wertvolles Substrat der Landwirtschaft. Auch heute noch neigen feinstofflich orientierte Landwirte dazu, den Dünger entsprechend zu ätherisieren. Bekanntes Beispiel dafür ist die antroposophisch orientierte Landwirtschaft, die zur Verbesserung des Dunges ein Kuhhorn, gefüllt mit homöopatischen Essenzen, im Misthaufen vergräbt. Das feinstoffliche Element Äther, das im Nordosten wirkt, kann sich natürlich in ähnlicher Weise auf die energetische Konstitution des Dunges auswirken wie das Kuhhorn. Allerdings wird dabei in Kauf genommen, dass insgesamt das Energiefeld des Gebäudes verschmutzt wird. Ein weiterer schwerwiegender Defekt soll hier nicht unerwähnt bleiben. Aus wohl funktionellen Gründen weist die Proportion des Gebäudes eine zu starke Streckung auf. Die Länge eines Bauwerks darf nicht mehr als das doppelte der Breite betragen. Jedes Seitenverhältnis größer als 2:1 führt zu einem negativen Energiefeld.

Die Landwirtschaft im römischen Imperium hatte große Probleme. Die Ertragslage war verheerend. Um die hungernde Bevölkerung mit nötigen Nahrungsmitteln zu versorgen mussten Eroberungskriege geführt werden. Wichtig war zum Beispiel die Einverleibung Ägyptens als Kornkammer des römischen Reiches. Die Erträge der römischen Landwirte nahmen über die Jahrhunderte immer mehr ab. Dies lag unter Anderem daran, dass die Dreifelderwirtschaft noch nicht entdeckt war und die Böden übermäßig ausgelaugt wurden. Das geistig-mentale Debakel der römischen Agrarwirtschft spiegelt sich in den mit fatalen Vastudefekten konstruierten römischen Landwirtschaftskomplexen wieder. Ich bin überzeugt: wenn die Römer ihre landwirtschaftlichen Güter mehr gemäß den Regeln des Vastu gebaut und die Düngergrube in den Nordwesten verlegt hätten, wären ihnen auch Strategien eingefallen, die die Ertragssituation verbessert hätten. So hat letztlich die nicht optimal ausgearbeitete Planung der Meierhöfe mit zum Untergang des römischen Imperiums beigetragen. Es sei an dieser Stelle noch einmal erwähnt, dass die alten oberbayerischen Bauernhöfe im allgemeinen ein wesentlich besseres Vastukonzept beinhalten.

8.2. Skizze einer Klosternanlage aus St. Gallen

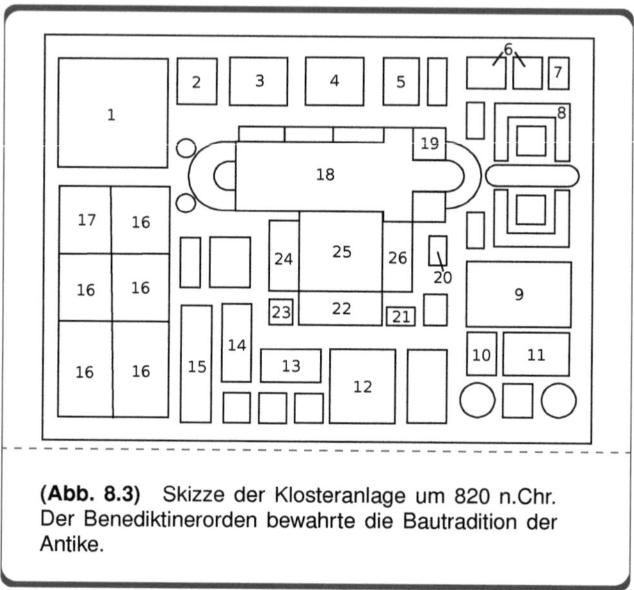

(Abb. 8.3)   Skizze der Klosteranlage um 820 n.Chr.
Der Benediktinerorden bewahrte die Bautradition der
Antike.

Die Klosteranlagen des Frühmittelalters wurden alle nach Vastukriterien gestaltet. Ein Beweis dafür ist die Skizze aus dem Kloster
St. Gallen. Der große Gästetrackt liegt im Nordwesten. Gastfreund-
schaft war ein wichtiges Anliegen der damaligen Zeit, so ist es kein
Wunder, dass darauf besonders geachtet wurde. Auch heute noch
empfehlen Vastuexperten, das Gästezimmer in den Nordwesten
zu legen. Das Luftelement sorgt dort für die notwendige Bewegung und Kommunikation mit Fremden. Der denkbar schlechteste
Platz für Gäste wäre im Südwesten. Das Element Erde würde sie
träge und dominant machen, sie würden zulange verweilen und
Unsummen an finanziellen Mitteln der Gastgeber verschlingen. Es
sind also auch ökonomische Erwägungen, die die Verlegung des
Gästetraktes in den Nordwesten dringend gebieten.

Im Südwesten befinden sich die Viehställe, auch dies ist unter
Vastugesichtspunkten eine sehr gute Platzierung. Diese Himmelsrichtung verleiht Stabilität (Element Erde), was für die Gesundheit
der Tiere sehr vorteilhaft ist. Die Apotheke samt Kräutergarten befindet sich ebenfalls traditionell im Nordosten. Die Energien dort

wirken sich besonders günstig auf die Arzneimittel aus, sie verstärken deren Heilwirkung.

Die Klosteranlagen des Frühmittelalters, die ich bisher untersuchen konnte, waren meist gemäß den Kriterien des Vastu gebaut. Dies ist sicherlich kein Zufall. Ich vermute, dass eine weitere Schrift existiert hat, die die Regeln des Vastu für den Westen verbindlicher und ausgereifter darstellte, als dies im Werk des Vitruv der Fall ist. Denn Vitruv, in seiner Rationalität ein echter Römer, hat in seinen Schriften viele Regeln außer Acht gelassen, die seinem an der griechischen Aufklärung und Philosophie geschulten Verstand nicht einsichtig waren. Regeln, die aber in den alten Klosteranlagen umgesetzt sind.

Vitruv war übrigens einer der besten Denker der Antike, dessen scharfer Intellekt mit der Darstellung der harmonalen Baukunst nicht nur Wohlstand und Erfolg des römischen Imperiums entscheidend förderte, er war auch derjenige, der, wenn auf seine Worte mehr gehört worden wäre, den Untergang des Römischen Reiches entscheidend mit verhindern hätte können. Als eine der entscheidendsten Ursachen für den Untergang des römischen Reiches gilt (neben der katastrophalen Landwirtschaft) die Vergiftung der Bevölkerung durch Blei, denn für die Wasserleitungen wurden Bleirohre verwendet. Dies reichte aus, um toxische Werte im Trinkwaser zu erreichen. Vitruv wies auf die Gefahr hin, empfahl den Ersatz durch Leitungen aus Ton, was technisch problemlos realisierbar gewesen wäre. Dies geschah nicht, denn dem römischen Senat war die Maßnahme zu teuer. Wir alle kennen die Folgen exemplarisch: Am Beispiel der Cäsaren erzählt der Historiker Sueton den geistigen Verfall der verseuchten Römer (Cäsarenwahn bei Caligula, Nero, etc.). Nicht nur die Sklaven, auch die Herrscher mussten importiert werden. Viele Staatsoberhäupter kamen in den Folgezeiten aus den nicht bleiverseuchten Provinzen. Ihre Söhne, spätestens ihre Enkel, waren wieder „durchgeknallt", wie das Beispiel des Sohnes von Mark Aurel (Commodus) belegt. Der Adel adoptierte oft „Nachfahren" aus den Provinzen.

Ein gesundes Wohnumfeld ist ein mehrschichtiges Thema. Baubiologische Fragen spielten schon bei dem altrömischen „Vastuexperten" Vitruv eine entscheidende Rolle, nicht anders ergeht es seinen modernen Kollegen.

8.3. Louvre und Versailles

Die Regierungsgebäude der Französischen Könige im Spiegelbild des indischen Feng Shui.

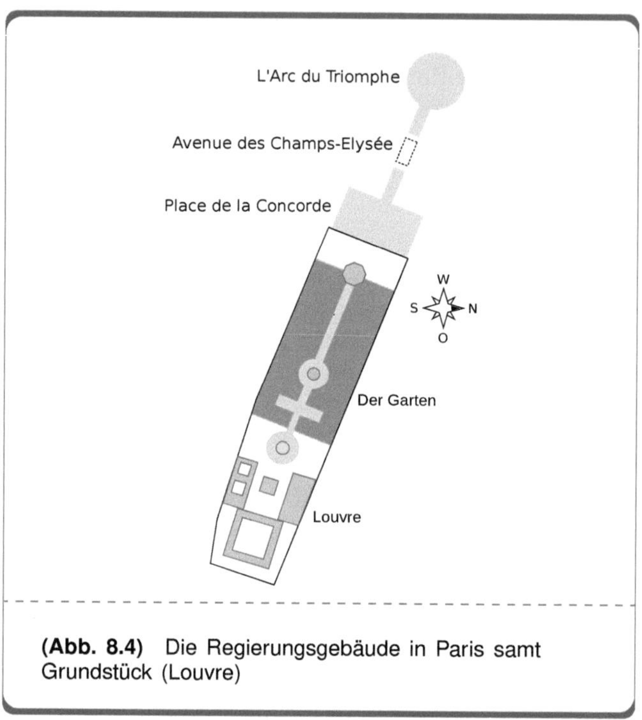

(Abb. 8.4) Die Regierungsgebäude in Paris samt Grundstück (Louvre)

Der Louvre war ursprünglich die Residenz der französischen Könige. Heute werden darin keine Regierungsgeschäfte mehr wahrgenommen, er dient nur noch als Museum. Und dies ist auch gut so. Die energetischen Eigenschaften dieses Gebäudekomplexes sind mehr als verheerend. Die dem Erbe der römischen Antike und vor allem dem Werk Vitruvs folgende Ost-West-Ausrichtung der barocken Baukunst (als Beispiele seien genannt: Vatikan und Schloss Nymphenburg) wird hier willkürlich einer Südost-Nordwest-Ausrichtung geopfert. Im Südosten befinden sich Zufahrt und Haupteingang, dies allein schon ist problematisch, führt der Zugang im Südosten doch zu einer übermässigen

Stärkung des Feuerelementes, was zu Diebstählen und finanziellen Verlusten führt. Siehe dazu das Kapitel: Haupteingang zum Grundstück. Die Bourbonen verloren folgerichtig ihr Staatsgebiet. Zudem befindet sich der gesamte Gebäudekomplex im Südosten, dies stärkt zusätzlich das Element Feuer. Kein Wunder also, dass das französische Volk sehr hitzig auf die bestehenden Missstände reagierte. Für genügend Zündstoff war gesorgt, dies spiegelt sich auch in der Architektur des Louvre wieder. Feuer bedarf der Luft, um so richtig in Schwung zu kommen. Jeder Brandmeister weiß, dass die Kappung der Sauerstoffzufuhr ein wichtiges und probates Mittel der Brandbekämpfung darstellt. Auch in diesem Punkt versagt der Louvre. Große, weite Außenanlagen im Nordwesten führen zu einer Stärkung des Luftelementes. Das einmal entzündete Feuer ist somit nicht mehr zu stoppen, was ja die Geschichte der französischen Revolution hinreichend belegt. Als wäre das alles nicht schon genug, befindet sich im gesamten Süden des Louvre noch der Fluss. Wir wissen: Wasserflächen im Südwesten, Süden, Südosten wirken sich verheerend auf das gesamte Vastuenergiefeld aus. Wasser im Südwesten zerstört die Stabilität des Elementes Erde. Verluste, höhere Ausgaben als Einnahmen und Tod des Grundstückseigners gelten als typische Folgen dieser Situation. Kein Wunder, dass einer der Herrscher „seinen Kopf verlor" und die französischen Könige unter chronischer Verschwendungssucht litten. Auch Wasser im Süden steht für vorzeitigen Tod. Wasser im Südosten sorgt für Schwierigkeiten mit den Angehörigen, in diesem Fall mit dem Volk.

Nun könnte man ja meinen *alles halb so schlimm*, wir haben ja noch Versailles! Die französischen Könige residierten ja nur im Winter in Paris, meist waren sie in Versailles, zumindest seit den Zeiten des Sonnenkönigs (Ludwig XIV.)

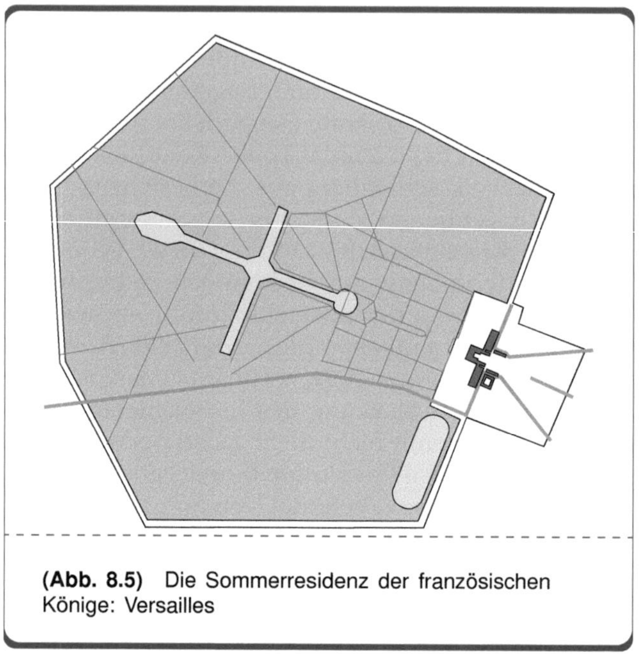

(Abb. 8.5) Die Sommerresidenz der französischen
Könige: Versailles

Doch weit gefehlt, wiederholen sich die gleichen Vastu-Defekte auch in Versailles. Die Zufahrt und der gesamte Gebäudekomplex befinden sich wieder im Südosten! Wir wissen, dass der Südosten neben dem Element Feuer auch der Liebesgöttin Venus zugeordnet ist. Für die amourösen Abenteuer von Ludwig XIV. mag das Feuer sicherlich förderlich gewesen sein. Für Ludwig XVI. war diese Konstellation aber verheerend. Es ist immer schwierig zu prophezeien, wann ein Vastu-Defekt letztlich negativ wirksam wird. Die Geschichte liefert hier praktischen Anschauungsunterricht.

Wieder haben wir die Nordwest-Südost-Tangente, diesmal mit irrsinnig großen Gartenflächen im Nordwesten, verstärkt durch ein überdimensional großes Wasserbecken in Unheil verkündender Kreuzform! Diese unglaubliche Betonung des Luftelements und damit der Bewegung hat natürlich zu Ludwigs Liebesbeziehungen mit häufig wechselnden Mätressen beigetragen, und erklärt seine instinktive Vorliebe für diesen Architekturentwurf. Für die Staatsgeschäfte war dieser Mangel an Beständigkeit allerdings wenig förderlich. Der Fluß im Süden des Louvre ist hier durch eine Straße ersetzt worden, die durchaus die gleichen Vastu-Defekte wie eine

Wasserfläche kreiert. Insgesamt aber ist es schon recht erstaunlich, dass sich die Vastu-Fehler des Louvre hier nochmal wiederholen. Allerdings, meine Erfahrungen als Vastu-Experte belegen ein verblüffendes Phänomen: Leute, die umziehen, eine neue Wohnung kaufen oder mieten, wählen immer wieder das gleiche negative oder (seltener) positive Energiefeld. Es ist, als seien sie süchtig nach der jeweiligen energetischen Situation. Eine Sucht, die ich im Fall des Sonnenkönigs sogar nachvollziehen kann.

Die Geschichte Frankreichs ist mit einer der extremsten Revolutionen der westlichen Welt verknüpft. Mehrere hunderttausend Menschen ließen ihr Leben. Eine ganze Führungsschicht wurde grausamst eliminiert. Dies alles findet sicherlich nicht zufällig seine Entsprechung in den problematischen und spannungsgeladenen Vastuenergiefeldern der damaligen Regierungesgebäude.

8.4. Buckingham Palace

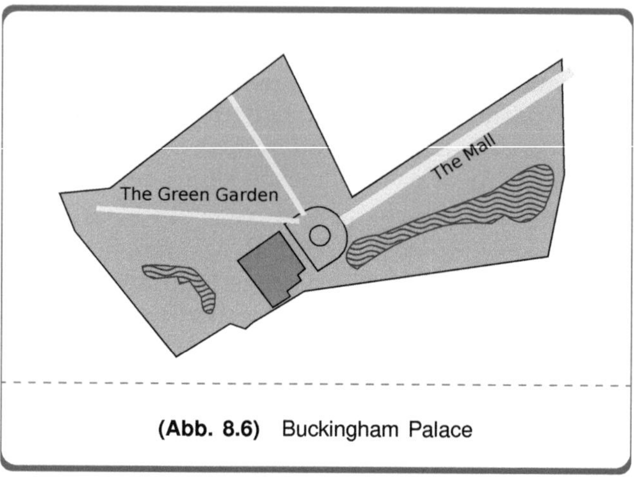

(Abb. 8.6) Buckingham Palace

Der Buckingham Palace ist seit 1837 mit dem Regierungsantritt Königin Victorias offizielle Hauptresidenz der englischen Könige. Die großen Gartenanlagen im Nordosten gewährleisten, dass genügend Lebensenergie auf das Gebäude fliesen kann, dies sorgt für Erfolg, Gesundheit und Langlebigkeit in unserem Fall vor allem der weiblichen Familienmitglieder. Kein Wunder, dass die jetzige Königin sich trotz hohen Alters bester Gesundheit erfreut, so wie vor ihr schon ihre Mutter und ihre große Vorgängerin Queen Victoria. Da das Gebäude diagonal um 45° Grad gegen Nordosten verschoben gebaut wurde, läuft die Hauptstraße direkt vom Nordosten auf die Mitte des Gebäudes zu. Dies bewirkt einen zusätzlichen kräftigen Vorstoß der Lebensenergien auf das Gebäude. Allerdings bewirken die vielen Gebäude im Norden und Nordosten des Parks auch einen Fehlbereich an Grünfläche. Dies führt auf Dauer zu Verlusten. Sowohl der Verlust des Commonwealth, der Kaiserkrone von Indien, als auch die demokratischen Zugeständnisse, die das Königshaus im Laufe der Zeit leisten musste, finden hierin ihr Spiegelbild.

Wir haben insgesamt Im Nordosten ein gemischtes Vastuenergiefeld mit all seinen Ambivalenzen. Wasserflächen im Südosten dämpfen das Element Feuer und damit das Temperament seiner Bewohner. Vielleicht mit ein Grund, warum das Königshaus auf manche Betrachter etwas bieder, steif und langweilig wirkt. Aus der Sicht des Feng Shui stärken Wasserflächen im Südosten den Planeten Venus und sorgen so für Reichtum und Fülle. Die Königin von England gilt daher nicht von ungefähr als eine der reichsten Frauen der Welt. Im Südwesten befinden sich Wasserflächen, welche das Leben der Bewohner verkürzen und für Pech und Unmut sorgen können. Da aber der Nordosten, Norden und Osten gemäß Vastu gestaltet sind, kann sich dieser Defekt eher nur gedämpft verwirklichen. Immerhin ist der Gemahl der Königin Victoria recht jung verstorben. Wasserflächen im Südwesten gelten tendenziell vor allem für Männer als problematisch. Sowohl König Edward VII. als auch der jetzige Thronfolger müssen/mussten lange auf ihren Thron warten, der Kronprinz Albert Victor verstarb mit 28 Jahren, Albert Edward, der spätere Edward VII., war extrem nikotinsüchtig, Edward VIII. dankte vorzeitig ab. Viel Glück hatten die Männer in dieser Dynastie eher nicht. Auch dies kann aus der Sicht des Vastu als Ausfluss der Wasserfläche im Südwesten gewertet werden. Insgesamt ist auch die Abschaffung der Monarchie aufgrund des Energiefeldes durchaus möglich. Ob allein der mächtige Zufluss der nordöstlichen Energien durch die Lage des Eingangs und den langen Korridor zum Palace den Fortbestand auf Dauer sicherstellt und den Fehlbereich ausgleicht bleibt abzuwarten. Darauf wetten würde ich nicht.

8.5. Der Vatikan

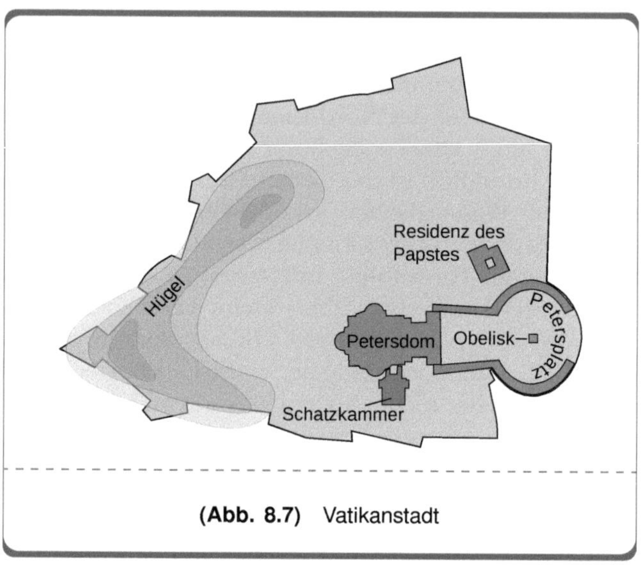

(Abb. 8.7)   Vatikanstadt

Viele Aspekte des Vatikan sind gemäß sakralen Vorgaben aus urältesten Zeiten gestaltet. Wie bei den Etruskern liegt der Eingang und die Zufahrt zum heiligen Bezirk, zum Petersdom mit dem Apostolischen Palast, im Osten. Ein Zugang dort galt schon bei den Römern als extrem günstig und glückbringend. Nicht genug damit, wird der Osten auch noch zusätzlich mit einem Obelisken gestärkt, in einem wunderschönen Rundbogen werden die Energien gesammelt und zum Dom geleitet. Dies alles bringt sehr viel Erfolg, Beständigkeit und Anerkennung. Der Vatikanische Hügel im Westen samt Radiostation darauf sorgt zusätzlich für Stabilität und Ansehen.

Das war es dann aber schon mit dem, was an Positivem zu berichten ist. Der Fehlbereich im Nordosten der Gebietsgrenze des Kirchenstaates zeitigt mentale Probleme, Misserfolge und Verluste. Und der Vatikan hat ja im Laufe der Jahrhunderte umfangreiche Verluste hinnehmen müssen. Viele Staaten spalteten sich von Rom ab (England, Protestantische Länder), der Kirchenstaat wurde immer kleiner und kleiner und ist heute auf eine lächerliche Restgröße zusammengeschrumpft. Aufgrund der anderen weiter oben erwähnten positiven Eigenschaften, kann es aber durchaus sein, dass uns der Katholizismus noch länger, wenn auch immer mehr an Bedeutung verlierend, erhalten bleibt. Vielleicht erleben wir noch die Erfüllung der Prophezeiung von Carl Huter: „Ich sah, wie sich die römische Kirche aufgelöst hatte. Nur ein kleiner Bruchteil war übrig geblieben, welcher die Bedeutung einer kleinen, unmaßgeblichen Sekte hatte, mit einem Papstbischof in Rom."(Carl Huter: Die innere Erschließung einer höheren geistigen Welt, Zürich, 2014, Seite 164) Das Vastu-Energiefeld macht es recht wahrscheinlich, dass sich diese Zukunftsschau bald erfüllt.

Ein weiterer Defekt, der im Vastu meist übersehen wird, ist der gewaltige Fehlbereich im Nordwesten. Dieser sorgt für Arroganz, über-kontrollierendes, herablassendes, selbstgerechtes Verhalten, Verlust der Selbstkontrolle und fehlende Integrität. So manche Skandale der Vergangenheit, darunter höchst unangenehme Entgleisungen (u.a. Missbrauchsskandale) und abstruse Morallehren wie die Pillen-Enzyklika von Paul VI., sind aus der Sicht des Feng Shui (im Gegensatz zum Vastu) dafür typisch. Insgesamt hätte der Vatikan gut daran getan, die Vorgaben sakralen Bauens, wie sie die Auguren der Vorzeit für geweihte Bezirke (templum) aufgestellt hatten, beizubehalten. Roma quadrata ist kein leerer Begriff, nur das makellose Rechteck garantiert den Schutz der Götter.

Teil IV.

Nachtrag

9. Zu guter Letzt: Keine Angst vor Vastu

Vor nicht allzulanger Zeit hatte eine spätere Kundschaft von mir Besuch von „Freunden" bekommen, Schüler eines indischen Gurus und selbsternannten Vastuexperten. Das Resultat: All ihr Kummer und Unglück, den sie zu diesem Zeitpunkt hatten, sei auf das schlechte Energiefeld durch den nicht zu den Regeln des Vastu konformen Bau zurückzuführen. Sie müssten dringend aus der Wohnung ausziehen, Abhilfe sei anderweitig nicht möglich. Gott sei Dank hat sich die betreffende Person nicht ins Bockshorn jagen lassen, nach anfänglicher Verzweiflung hat sie sich für die Korrektur mit Yantren, Düften und Farben entschieden.

Bevor man sich in finanzielle Unkosten und ein Wagnis mit ungewissem Ausgang stürzt sollte man/frau es mit Entstören versuchen. Dies ist allemal billiger als ein Umzug oder Neubau und daher einen Versuch wert, denn was hat man schon zu verlieren? Es wurde entstört und was soll ich sagen? Es hat funktioniert! Der Fall ist mir auch deswegen besonders gut in Erinnerung geblieben, weil ich zwischenzeitlich erfahren hatte, dass einer der wesentlichen Defekte, die in diesem Haus vorlag, nämlich eine Küche im Nordosten, auch gemäß den Maßgaben dieses Gurus durchaus adäquat entstört werden hätte können. Doch kein Wort davon kam über die Lippen der „Freunde", stattdessen nur die Verbreitung von Angst und Schrecken. So sind sie halt, die „Religionstugendbolde", sicherlich nicht alle, aber leider doch viele. Die Frohbotschaft wird öfter als nötig zu einer Drohbotschaft! Sie merken schon, ich halte wenig von Gurus und Religionsstiftern. Ich halte es mehr mit Konfuzius und bin recht skeptisch gegenüber jeder Art von Metaphysik. Glaube muss für mich empirisch belegbar und rational nachvollziehbar sein.

Frisch gewagt ist halb gewonnen. Goethes erstes Haus in Weimar war eine einzige Vastu-Katastrophe. Es lag am Fuße eines Hügels. Der gesamte Osten und Nordosten war blockiert! Der wichtigste Zugang befand sich im Südwesten. Gemäß den Vastu-Regeln hätte Goethe erfolglos bleiben müssen, zusätzlich gequält von massiven Karriereproblemen, finanziellen Schwierigkeiten und natürlich massiven Krankheitsproblemen. Doch nichts dergleichen trat ein. An Goethes Haus an der Ilm können wir sehr viel lernen.

Was war geschehen? Goethe hat als Naturfreak ziemlich instinktsicher und erfolgreich entstört. Er pflanzte viel Lonicera (Geißblatt), weil er den Duft der Blüten dieser Sträucher einfach liebte. Was ich sehr gut verstehen kann. „Zufällig"pflanzte er das Geißblatt im Osten und im Westen. Von der Frequenz her ist der Duft des Lonicera mit dem des Jasmin verwandt. Der Duft des Jasmin ist wiederum der Geruch schlechthin, der im Vastu gegen Defekte im Westen

Pentagram vor dem Eingang im Westen zu Goethes Gartenhaus

und Osten eingesetzt wird. Das Beispiel Goethes zeigt eindringlich: entweder ist an den oftmals negativen Bewertungen des Vastu nichts dran oder Harmonisieren hilft! So einfach ist das für den der empirisch denkt. Seinen Zugang im Westen hatte Goethe mit einem Pentagramm geschützt, einem ähnlich wirksamen Schutzeichen wie das Schri-Yantra. Goethe hatte es einfach drauf, das ist sein Geheimnis!

Am interessantesten ist aber der Nordosten gestaltet, hier stand damals, zu Goethes Zeiten, ein mächtiger, alter Wacholderbaum. Wacholder ist dem Gott Jupiter geweiht! Unmittelbar an der Nordostecke des Hauses stehend, generiert solch ein Baum hervorragend die durch Berge blockierten Energien des Nordostens. Unter diesem Baum hat Goethe hoch inspiriert viele Gedichte geschrieben. Er war also nicht geistig blockiert, im Gegenteil. Die Energien des Nordostens stehen ja für Geistigkeit, Schaffenskraft und Verstand. Der Nordosten ist die Himmelsrichtung, die für Studierende und kreative Menschen wie Dichter unbedingt geweckt werden sollte. Also auch und vor allem für Goethe! Dies geschah trotz der Blockade durch den Hügel! Ein Ersatz für einen Wacholderbaum im Nordosten, wenn nicht sogar die bessere Alternative, ist übrigens der wunderschöne Walnussbaum. Auch er steht für die Energien des Jupiters. Über seine heilenden Energien zu schreiben wäre ein eigenes Buch wert. Doch Goethe fand den Wacholder bereits vastugerecht gepflanzt und uralt vor. Es war super. Goethe dichtete erfolgreich unter seinem Schatten, vielleicht wäre ein Walnussbaum noch besser gewesen, aber was will man mehr, als schöpferisch und kreativ zu sein?

Erwähnt werden muss auch noch, dass vieles am Gartenhaus gemäß den Gesetzen des Vastu zwar problematisch ist, aber jeder Feng-Shui-Experte, der sich unter den Gesichtspunkten der chinesischen Lehre das Gebäude ansieht, wird sofort einige gelungen Feng-Shui-Maßnahmen erkennen. Goethe hat also nicht nur nach Vastu erfolgreich entstört, er hat auch instinktiv mit Feng Shui gearbeitet. Der Stein des guten Glücks im Norden seines Gartens ist eine solche hervorragende Feng-Shui-Maßnahme. Also keine Panik. Harmonisieren sie einfach die kosmischen Energien und sie können trotz schlechter Ausgangssituation alles ins Rechte Lot bringen. Goethes Erfolgsstory beweist die Wahrheit dieser These!

Zum Schluss noch ein Hinweis für Ängstliche! Im Vastu sollte ja der Nordosten unbedingt freigehalten werden. Als Regel gilt, dass ungefähr ein Drittel der Grundfläche des Hauses im Nordosten ausreicht, um genügend nordöstliche Energien zu akkumulieren. Sollte das nicht der Fall sein, dann entstören sie einfach. Bringen sie eine prächtige Pyramide in die Nordostecke ihres Wohnfeldes.

Sollten sie zufällig nah am Haus einen furchtbar düsteren Fichtenwald haben, und sie diesen Bereich als problematisch empfinden, dann entstören sie die Bäume einfach mit einem Feng-Shui-Klangspiel aus Holz oder Metall, das sie in den Baum/die Bäume hängen. Das hebt die Lebensenergie stark genug, um in jedem Fall ein gutes Energiefeld zu erzeugen und sich wohl zu fühlen. Von Vastu-Experten empfohlene Kahlschläge und andere „Scherze"sind wirklich nicht nötig und verärgern nur die Naturgeister, die die Bäume pflegen und hegen. Kahlschlag ist allgemein ohne adäquaten Ersatz eher negativ in seinen Auswirkungen zu werten. Vermeiden sie wann immer es geht naturfeindliche Maßnahmen, alles, was Leben zerstört, ist eher negativ zu werten. Goethe beweist das. Der ganze Osthang seines Hauses war auch noch mit Obstbäumen bepflanzt. Er schafft also noch Leben dort, wo manche sogenannte Vastuexperten empfehlen, Kahlschlag zu betreiben! Das Feng Shui sieht dies glückklicherweise differenzierter. Obstbäume sind Bäume der Venus, sie bringen Reichtum, Fülle und Glück. Besser geht's nicht.

Bevor sie also gemäß Vasturegeln Trübsal blasen, konsultieren sie lieber zusätzlich noch das Feng Shui. Meine empirische Erfahrung ist einfach die, dass das Feng Shui besser funktioniert und die Urmatrix, wie sie im Vastu zugrunde gelegt wurde, weiter entwickelt hat. Dies ist eigentlich nicht verwunderlich, denn während das Vastu von Brahmanen und anderen Patriarchen der indischen Spätzeit und Dekadenz missbraucht und missverstanden wurde, haben die Chinesen in Folge der Taoistischen Philosophie an den alten Gebräuchen der matriarchalen Urkultur erfolgreich angeknüpft. Sie haben die Energien, nicht zuletzt die Energien ihres Geistes, frei fließen lassen und so die (Grenz)Wissenschaft des Feng Shui weiterentwickelt. Ja es ist tatsächlich so, Vastu ist eine Wissenschaft und wie bei allen Wissenschaften ergeben sich neue und bessere Erkenntnisse im Laufe der Zeit. Für Dogmatik und Starre, festgefahrene Thesen ist hier wie überall kein Bedarf. Bleiben sie kritisch und offen für Neues, nur so kann ein gutes Energiefeld entstehen. In diesem Sinne wünsche ich allen meinen Lesern ein gutes Vastu!

10. Yantren zur persönlichen Entstörung

Anbei nun die klassischen indischen Yantren zur Wohnraumentstörung. Die abgebildete Größe reicht dabei völlig aus. Kopieren sie die benötigten Yantren entweder schwarz-weiß oder farbig und geben sie sie geschützt, laminiert oder im Glasrahmen an die entsprechenden Stellen im Wohnraum. Sie können sie auch hinter Schränken oder Bildern verstecken, dies tut der Wirkung keinen Abbruch.

Shri-Yantra

Narasimha-Yantra

Jupiter-Yantra

Mars-Yantra

Merkur-Yantra

Mond-Yantra

Rahu-Yantra

Saturn-Yantra

Sonnen-Yantra

Venus-Yantra

Der Autor

Karl Trischberger, Jahrgang 1959, war nach dem Abschluss des Studiums der Wirtschaftswissenschaften lange Zeit im Management eines größeren deutschen Unternehmens tätig. Zu seinen Hobbys zählt die vergleichende Religionswissenschaft und das weite Gebiet der Esoterik und seiner okkulten Strömungen. Dabei hat es ihm besonders die Geomantie und das Feng Shui angetan. Auf deren Erfahrungen, Lehren und praktischen Umsetzungen hat er sich als Berater spezialisiert.

Seit dem Bekanntwerden des Vastu – dem indischen Pendant zum Feng Shui – im Westen hat er selbiges in den Kundenberatungen zusätzlich integriert. In zahlreichen Kursen und im Studium von themenbezogener und insbesondere - ferner Literatur über tief in zahlreichen Weltkulturen verwurzelten religiösen und mythologischen Bildern wurde das Wissen vertieft.

Kontakt

Per E-Mail an info@vastu-yoga.de

FSC
www.fsc.org
MIX
Papier aus ver-
antwortungsvollen
Quellen
Paper from
responsible sources
FSC® C105338